좋은 영어, 문체와 수사

차례
Contents

굿바이! 앵무새 영어

세계어 영어의 힘

바야흐로 영어 전성시대다. 영어는 26개의 알파벳으로 이루어진 음성언어다. 영어는 국제공용어(lingua franca)로서 시장의 기본 언어이자, 수많은 국제기구에서 가장 많이 통용되는 공식 언어다. 영어의 힘과 위상은 실로 대단하다. 현재 전 세계 영어 사용자는 대략 15억 명으로 추산된다. 여기에는 영어를 모국어로 쓰는 화자 약 3억 8천만 명, 영어를 제2 및 제3 언어로 사용하는 사람들(인도, 싱가포르 등) 약 3억 명, 그 밖에 영어를 의사소통용으로 사용하는 사람들까지 포함된다. 영어는 생존 도구이며 문화 자본이자 미래 경쟁력이다.

영어는 포식력을 지닌다. 18세기 후반부터 진행된 산업혁명과 제국주의, 그리고 식민지로 출발한 미국의 독립과 서부 개척이라는 일련의 변화를 거치면서 영어가 전 세계로 전파되었다. 영어는 본고장 영국을 벗어나 미국, 오스트레일리아, 서인도제도까지 보급되었다. 새로운 지리적 공간과 문화 속에서 새로운 영어 어휘들이 계속 생겨났다. 멜빈 브래그(Melvyn Bragg)는 "영어의 가장 교묘하고 무자비한 특성"으로 "다른 언어들을 흡수하는 능력"을 꼽는다(김명숙·문안나 옮김, 『영어의 힘』, 20쪽). 영어는 어휘가 풍부하고, 관용어 표현이 방대하며, 비유적 표현도 다양하다.

인터넷과 사회적 소통망(SNS)이 발달하면서 영어는 공간의 제약으로부터 훨씬 더 자유로워졌다. 국경을 초월하는 디지털 소통 시대, 인터넷 콘텐츠의 약 70퍼센트는 영어로 만들어진다. 누구든 영어 콘텐츠에 노출될 가능성이 그 어느 때보다 크다. 그래서 영어로 글을 읽고 이해하는 능력인 문해력(文解力, literacy)을 지녀야 영어로 된 정보를 수집하고 분석하고 가공할 수 있다. 따라서 영어의 역할도 더욱 중요해질 것이다.

한국의 영어 문해력 현주소

글로벌 교육 기업 EF(English First)가 전 세계 112개 비영어권 국가의 성인들을 대상으로 조사한 2021년 EPI(English Proficiency Index, 영어능력지수) 평가에서 네덜란드, 오스트리아, 덴마크가 1~3위를 차지했고, 아시아에서는 싱가포르가 4위로 가장 높은 점수를 받았다. 한국은 37위, 중국은 49위를 각각 기록했다. 앞선 2019년 평가에서는 네덜란드, 스웨덴, 노르웨이, 덴마크, 싱가포르, 남아프리카 공화국, 핀란드, 오스트리아, 룩셈부르크, 독일이 1~10위를 차지했다. 한국은 37위, 일본은 53위였다. 네덜란드 출신인 히딩크와 스웨덴 출신 툰베리의 경우에서 보듯 유럽의 작은 국가들은 영어 교육을 통해 국가 경쟁력을 향상시키고 있다. 영어능력지수는 각 나라 정부의 언어 학습 정책을 평가할 수 있는 기준을 제시한다. 아울러, 사람들이 영어를 더 많이 사용할수록 영어 네트워크를 통해 개인과 기업과 국가의 경쟁력이 향상될 수 있다는 점을 보여 준다.

지정학적으로 중국과 일본의 틈바구니에 위치하고 정치적으로 북한의 위협과 미국의 영향력 아래에 놓인 한국의 경쟁력은 우수한 인적 자원을 확보하는 데 있다. 네덜란드와 스웨덴처럼 한국도 다양한 언어와 문화를 적극적으로 받아들여 혼종(hybrid) 문화를 일굴 필요가 있다. 경제협력개발기

구(OECD)에서 최하위권인 한국의 서비스업 경쟁력을 높이려면 영어가 더더욱 중요하다. 영어 문해력과 소통 능력뿐만 아니라 수사(rhetoric)까지 겸비한다면 금상첨화다.

국내 영어 교육은 이러한 시대적 흐름을 따라잡지 못하고 있다. 수능 영어 1등급을 받고 원하는 대학에 입학하고, 토익 고득점을 받고 원하는 회사에 취업해도 영어로 말하고 쓰기가 쉽지 않다. 이유는 간단하다. 오지선다형 객관식 수능 영어 문항과 사지선다형 객관식 토익 문항은 영어의 네 가지 기능 중 '읽기'와 '듣기' 능력만 평가할 뿐, '말하기'와 '쓰기' 능력을 측정할 수 있도록 설계되지 않았기 때문이다. 거칠게 말해 한국에서 영어는 대학 입시와 취업을 위한 시험일뿐이다. 그런 오지선다형 객관식 수능 영어 출제가 30년 가까이 유지되고 있다.

영어는 특별한 지위를 지닌 언어다. 영어를 알면 돈을 벌고 출세를 할 수 있다. 구한말 개화기에 교육 선교사로서 한국에서 일한 아펜젤러(Henry G. Appenzeller)의 기록에 의하면 조선 학생들이 영어를 배우는 목적은 당시 이미 "벼슬을 하기 위해서(to get rank)"였다(문용, 『한국의 영어교육』, 13쪽). 해방 직후 미군정 시대에는 통역장교들이 출세했다.

1997년 외환위기(국제통화기금IMF에 구제금융 신청)를 겪은 후 지구촌에 불어닥친 신자유주의 여파로 영어는 전성시대를 맞았다. 출세를 위해 영어를 잘하고자 하는 욕망을 차단하거나 비난할 수는 없다. 문제는 영어 교육 정책이 여전히 제자리걸음을 하고 있다는 데 있다.

탁석산처럼 영어 공용화를 하자는 것이 아니다. 박노자처럼 영어를 "계급적 특권을 지닌 언어"라 비판하려는 것도 아니다(엄밀히 말하면 박노자는 '영어가 필요 없는 나라'가 아니라, 영어를 학술적 목적에 한정하여 사용할 것을 주장한다). 영어 공용화론을 주장하면 영어는 억압의 기제가 된다. 영어 비판론을 제기하면 영어는 타파해야 할 '상징자본' 내지 '패권국의 언어'가 된다. '숭배 대 배제', '예찬 대 비판' 사이에서 제3의 길 찾기가 필요하다. 네덜란드의 사례는 약소국이 어떻게 자국의 정체성을 유지하면서 이웃 국가들의 언어를 습득하며, 그것이 어떻게 자국민들에게 도움이 되는지 잘 보여 준다(박종성, 「한국에서 영어 수용과 전개」, 47쪽). 모국어를 잘 구사하고 민족적 정체성을 지니면서 국제 소통어인 영어를 잘 사용할 필요가 있다. 두 개의 여권, 이중 비전(dual visions)을 지니면 이롭듯이 말이다. 이런 점에서 교육평론가 이범의 큰 울림 있는 말에 전적으로 공감한다.

"'영어가 필요 없는 나라'에서 벗어나 '영어 잘하는 세계시민'의 기치를 세우는 것, 이것이 진정한 혁신일 것이다"(이범, "[이범의 불편한 진실] 영어가 필요 없는 나라", 경향신문 2022. 3. 19).

암기식 영어를 이른바 '앵무새 영어'라 한다. 예를 하나 들어 보자. 미국 차도(車道)에서 총에 맞아 죽어 가는 한국인에게 현장에 출동한 미국 경관이 물었다. "괜찮습니까?(Are you OK?)"

치명상을 입은 한국인이 말했다. "괜찮아요. 당신은요?(I'm fine, thank you, and you?)"

실소를 자아내는 상황이다. 자기 생각을 논리적으로 전달하고 문장을 창의적으로 만들 수 있는 영어 교육이 필요한 이유다.

수능 영어와 토익에서 접하는 지문들은 대부분 단편적인 딱딱한 설명문이다. 조각글에서는 글의 흐름이 단절되어, 학습자가 흥미와 호기심을 잃고 창조적으로 사고할 수 없다. 학습자가 읽기에 몰입할 수 있도록 스토리(넓게는 내러티브)를 지닌 글을 읽고 가르쳐야 한다.

품격 있는 영어를 구사하려면

디지털 시대에 영어를 할 줄 알면 외국의 정보와 자료를 실시간으로 직접 접근할 수 있으며, 역으로 우리의 콘텐츠를 외국에 알릴 수 있다. 다시 교육평론가 이범에 따르면 "영어는 경제적 가치뿐만 아니라 기후 위기와 권위주의에 대응하는 세계시민 교육을 위해서도 중요하다". 맞는 말이다.

　문재인 정부 시절에 강경화 외무부장관은 영국 BBC와 미국 CNN 방송 인터뷰에서 유창하고 정확한 영어를 구사하여 주요 현안에 대한 우리 정부의 생각을 적극적으로 알렸다. 예를 들면 BBC의 '앤드루 마 쇼' 인터뷰(2020년 3월 15일)에서 강 장관은 아시아인에 대한 폭언과 폭력을 각국 정부가 책임지고 막아야 한다는 것을 강조했다. 적절한 지적이며 보편타당한 시각이다. 그이 덕분에 한국의 국격이 한층 높아졌다.

　거스 히딩크는 네덜란드 출신으로 2002년 한일 월드컵 당시 한국 국가대표 축구팀의 감독을 맡았다. 그의 선수 선발 방식과 훈련법이 무엇보다 시선을 끌었지만, 그의 영어 '구사력(articulation)'도 매우 인상적이었다. 그는 자기 생각과 느낌을 간단명료하게, 때로는 시적으로 표현할 줄 알았다.

　영어가 모국어가 아닌 사람들에게는 영어 구사력이 '유창성(fluency)'보다 더 중요하다. 억양과 발음의 어색함은 그리 문제가 되지 않는다. 말하기와 글쓰기의 기본은 문법을 지키고 적절한 어휘를 골라 논리적으로 구사하는 것이다. 영국 〈데일리 메일〉의 금언(金言, dictum) "설명하라, 단순화하라, 명료하게 하라(Explain, simplify, clarify)"를 마음속에 새겨 둘 필요가 있다.

히딩크의 영어 구사력을 구체적으로 살펴보자. 월드컵 개막 전에 그는 그동안의 훈련 성과에 만족스러워 하며 조심스럽게 말했다.

"우리는 세계를 아주 놀라게 할 수 있을 것이다(We can make a very nice surprise to outside world)."

조별 리그를 통과해 이탈리아와의 16강전을 앞두고는 강한 승리욕을 드러냈다.

"나는 아직도 배가 고프다(I feel still hungry)."

8강전에서 스페인을 이기고 월드컵 4강이 확정되던 날은 자신의 기쁨을 솔직하게 표현했다.

"만약 여러분이 괜찮으시다면 우리는 오늘 밤 샴페인 한 잔을 하고 싶습니다(If you don't mind, we want to have a little glass of champagne tonight)."

터키와 3위 결정전에서 지고 나서는 한국에 애정을 드러냈다.

"한국은 매우 짧은 시간에 내 마음을 빼앗아 버렸습니다(Korea has stolen my heart in a very short time)."

월드컵이 끝나고 출국하던 날, 히딩크는 "소 롱(so long)"이라 말했는데, 이것은 다시 만날 날을 기약하는 작별을 의미하는 것으로, 영원한 이별을 뜻하는 굿바이(good-bye)와 뉘앙스가 다르다. 이렇게 히딩크는 '생각하는 영어'를 구사했다.

그런가 하면 오늘날 직접민주주의 국가 체제에서는 설득의 힘이 곧 지도자의 힘이 된다. 독재자와 전제군주에게는 설득의 수사학이 필요없다. 정적(政敵)을 죽이거나 감금해 권력과 체제를 유지할 수 있기 때문이다. 명령만 내리면 된다. 위트나 유머를 구사할 필요도 없다. 로마는 공화정이 붕괴하면서 수사학도 쇠퇴했다. 이후 수사학(웅변술)은 작문법으로 위축되었다.

대중 연설에서 대중은 화자의 표정, 목소리, 자세, 몸짓과 같은 '비언어적(non-verbal)' 요소를 통해 결정적인 정보를 파악한다. 미국의 전직 및 현직 대통령들인 오바마와 바이든의 감동적인 취임 연설은 찬사를 받았다. 스피치는 단어의 선택과 배열, 리듬 살리기, 강세 주기, 발음의 정확성, 감정 전달, 몸짓 사용, 유머 감각을 모두 동원하는 종합예술이다. 세 치 혀로 국민을 통합하고, 세계를 이끌며, 공감을 주는 이들의 스피치 능력은 '수사적 리더십(rhetorical leadership)'을 잘 보여준다.

반면에 막말과 포퓰리즘은 언어의 품격을 떨어뜨린다. 예를 들면 트럼프는 미국 우선주의와 혐오를 조장하여 자신의 지지층을 결집했지만, 비열함의 민낯을 여실히 드러냈다. 트럼프의 막말은 증오 마케팅이다. 즉, 증오를 팔고 타협을 차단하여, 사고의 유연성이 작동하는 완충 지대를 없애는 전략이다. 흑색선전과 비방으로 상대방의 인격을 살해하는 이른 바 '마타도어(흑색선전)' 정치인들이 미디어를 통해 언어의 생태계를 오염시킨다.

『대통령의 글쓰기』의 저자 강원국은 집필 후기에서 노무현 대통령이 연설비서관인 자신에게 했던 말을 언급한다.

"우리나라 글쓰기 수준을 높일 필요가 있습니다. 특히 공직자들이 그래야 합니다. 글쓰기에 관한 책을 쓰세요. 연설비서관실에서 일하면서 깨달은 글쓰기에 관한 비결을 공유하는 책을 쓰세요"(강원국, 『대통령의 글쓰기』, 325쪽).

충분히 공감한다. 제대로 된 비판은 "사물을 다양한 각도에서 바라보며 종합적으로 판단하는" 것이다(이기주, 『말의 품격』, 196쪽). 고대 그리스의 철학자들과 정치인들도 대중들 앞에서 연설하기 위해 논증과 설득의 기술을 우선하여 익혔다.

01 영문학 속 문학적 문체

케닝부터 빙산氷山 문체까지

두운법과 케닝

—『베어울프』 중 「베어울프 화장」

언어는 사물을 대상화하는 수단이다. 케닝(kenning)은 사물의 형상을 두 개의 단어로 표현하는 비유법이다. 일명 완곡대칭법(婉曲對稱法)이라고도 한다. 눈으로 지각한 것을 공통의 특성 관점에서 투명하게 재현하는 방식이다. 예를 들면, 게르만족이 "파도의 말[馬]"(배)을 타고 "고래의 길"(바다)을 건너 켈트족의 땅으로 왔다고 묘사한 문장에 케닝을 사용했다. 8세기 후반에 쓰인 게르만족의 서사시(최초의 영문학 작품)

인 『베어울프(Beowulf)』에 sea-horse(=ship)와 whale-road(= sea) 같은 합성어들이 등장한다. 당시 사람들이 사물의 움직임에 주목하여 이를 형상으로 파악했음을 알 수 있다. 반면에, 그냥 배(ship)와 바다(sea)는 기표(signifiant)와 기의(signifié)가 일치하는 추상적인 기호언어, 즉 상징 체계다. 기호는 이 단어를 사용하는 사회 구성원들 간의 약속이다.

ken은 눈으로 보다, 혹은 이해한다는 뜻이다. 케닝의 예를 더 들어 보자. 태양(sun)을 "움직이는 등불(travelling lamp)", 별(star)을 "밤의 촛불(night-candle)", 전투(battle)를 "검(劍)의 마주침(sword-meeting)"으로 비유했다. 케닝은 당시 사람들의 사물 인식 체계를 잘 보여 준다. 또한 케닝을 통해 사람들의 인식 체계를 파악할 수 있다.

자연 현상을 묘사하는 데 사용된 케닝도 흥미롭다. "눈[目]비(eye-rain)"는 눈물(tear), "서리 응결(bond of frost)"은 얼음(ice), "겨울 의상(winter-raiment)"은 눈(snow)을 의미한다. 종족 간의 전투가 빈번했던 당시의 사회상도 케닝을 통해 엿볼 수 있다. "보석을 나눠 주는 자(dispenser of treasure)"는 왕(king), "독수리에게 먹이를 주는 자(feeder of war-gull)"는 전사(warrior), "거인의 살해자(slayer of giants)"는 초자연적인 힘을 지닌 신(god)을 각각 의미한다. 케닝은 모호한 개념을 형상으로 보여 준다는 점에서 시각적 재현에 해당한다.

『베어울프』의 마지막 장은 기트족(Geats, 예어트족. 스웨덴과 덴마크의 선조들) 백성들이 자신들의 전사이자 군주였던 베어울프의 장례를 치르는 장면을 묘사한다. 1995년 노벨 문학상을 수상한 셰이머스 히니(Seamus Heaney, 1939~2013)가 현대 영어로 옮겼다. 두운법(頭韻法, alliteration)과 케닝을 중점적으로 눈여겨보자.

"Beowulf's Funeral," Lines from *Beowulf*

3137   The Geat people built a pyre for Beowulf,

      1) <u>stacked and decked it until it stood</u> foursquare,

      2) <u>hung with helmets, heavy</u> war-shields

3140   and shining armor, just as he had ordered.

      Then his warriors laid him in the middle of it,

      mourning a lord far-famed and beloved.

      On a height they kindled the hugest of all

      3) <u>*funeral fires; fumes of*</u> woodsmoke

3145   billowed darkly up, the blaze roared

      and drowned out their weeping, 4) <u>wind died down</u>

      and flames wrought havoc in the hot 5) <u>bone-house</u>,

      burning it to the core. They were disconsolate

and wailed aloud for their lord's decease.

제43장「베어울프 화장(火葬)」

그리고 기트족 백성들은 베어울프가 시킨 대로

그를 화장하기 위해

장작더미를 사각형 모양으로 차곡차곡 쌓아 올렸고,

그의 투구, 방패, 빛나는 흉부 갑옷을 걸어 두었다.

그러더니 전사들이 애도하면서

명성이 자자한, 사랑하는 군주의 시신을 정중앙에 안치

했다.

그리고는 언덕 위에다 가장 큰 화장 불을 붙였다.

장작이 타면서 연기가 시커멓게 솟아올랐고,

불길이 큰소리를 내며 울음소리와 뒤섞였다.

바람이 잦아들더니, 불길이 시신을 속까지 태워 버렸다.

슬픔에 잠긴 그들은 군주의 죽음을 통곡했다.

　　　　　　―김석산 옮김,『베오울프』,「베오울프 화장」

시는 낭송을 전제로 한 장르라서 소리음을 살려야 한다.
음독(音讀)이 아닌 눈으로 묵독(默讀)하면 시의 맛을 제대로
살릴 수가 없다. 1) stack*ed* and deck*ed* it until it stoo*d*, 2)
*h*ung with *h*elmets, *h*eavy, 3) *f*uneral *f*ires; *f*umes o*f*, 4) wind

di*ed d*own에서 두운과 각운을 포함한 운율이 사용되어 소리의 아름다움을 느낄 수 있다. 눈으로 보기에도 시어를 체계적으로 배열했다. 5) bone-house에서 케닝이 사용되었다. "뼈집"은 시신(corpse)을 의미하는 케닝이다. 거꾸로 '육신(body)'은 케닝을 사용하면 'life-house'가 된다. 인용문은 영어 사용의 기본 원칙과 영어의 아름다움을 잘 보여 준다. 더구나 한 폭의 그림처럼 장면이 눈앞에 선하게 그려진다. 위 베어울프 화장 장면은 '그림 같은 글쓰기(pictorial writing)'를 잘 보여 준다. 『베어울프』 같은 시는 스토리, 이미지, 사운드의 세 요소를 지닌다.

18행 한 문장 통사 구조
—초서, 『캔터베리 이야기』 중 「프롤로그」

영문학의 아버지 제프리 초서(Geoffrey Chaucer, c.1340s~1400)는 『캔터베리 이야기(The Canterbury Tales, 1392)』의 「프롤로그(The General Prologue)」에서 총 18행(120개가 넘는 단어)으로 영시 중 가장 긴 문장을 만들었다. 그 비결은 무엇일까?

통사 구조를 살펴보자. 이해를 돕기 위해 당시 중세 영어를 현대 영어로 옮긴 것으로 살펴보자.

1 **When** April with his showers sweet

The drought of March has pierced to the root,

And bathed every vein with liquid that has power

To generate therein and sire the flower,

5 **When** <u>Zephyr</u> also has, with his sweet breath,

Quickened again, every holt and heath,

The tender shoots and buds, and the young sun

Into the Ram one half his course has run,

And many little birds make melody

10 That sleep through all the night with open eye —

So Nature pricks them on to <u>ramp and rage</u> —

Then do folk long to go on pilgrimage.

And palmers to go <u>seeking out strange strands</u>,

To distant shrines well known in sundry lands.

15 And specially from every shire's end

Of England they to Canterbury went.

<u>The Holy Blessed</u> martyr there to seek

Who helped them when they lay so ill and weak.

4월의 감미로운 소나기가

3월의 가뭄을 뿌리 속까지 적시고

꽃이 피게 하는 수액으로

모든 잎맥을 적시어 주고,

상쾌한 숨결을 머금은 서풍이

숲과 들판의 부드러운 연한 새싹과 봉오리에 정기를 불
어넣고,

젊은 태양이 백양궁에서 행정(行程)을 절반 마쳤을 때

자연 탓에 흥분한 작은 새들은 노래를 부르며

뜬눈으로 밤을 지새운다.

이때 사람들이 순례를 갈망한다.

순례자들은 낯선 해안을 찾아

여러 곳에서 잘 알려진 먼 성소(聖所)로 간다.

특히 잉글랜드의 모든 주에서 모여든

사람들이 캔터베리로 갔다.

병들어 고생할 때 자신들을 도와준

거룩하고 복된 순교자를 찾아서.

　　　　　　—초서, 『캔터베리 이야기』, 「프롤로그」

　이 긴 문장의 주절은 순례자들이 순교 성인, 즉 토머스 베
케트가 묻힌 성소인 캔터베리 대성당으로 간다는 내용이다
(Then do folk long to go on pilgrimage). 중세 영어의 통사 구조를
분석하면 다음과 같다(괄호는 시행).

When (1)

　　And (3) Of which (4);

When (5)

　　and (7) And (9) That (10) So (11);

Then (12)

　　And (3) And (15) That (18). (박영배, 『영어사』, 279쪽)

통사 구조를 현대 영어로 더욱 단순화하면 다음과 같다.

먼저 "When …; When …; Then …"에서는 봄의 속성을 강조하기 위해 시간의 부사절을 이끄는 when을 문장 앞에 위치시키는 도치법(倒置法, inversion)을 사용했다(When it's springtime, then people go on pilgrimages). 정상적인 어순은 주절이 먼저 나와 "People go on pilgrimages when it's springtime"가 되어야 한다. 통사 구조를 자세히 들여다보면 and는 등위접속사, of which는 관계사, that은 관계사, so는 부사다.

초서가 언급한 봄의 속성은 "When ~"으로 시작하는 부사절 속에 모두 담겨 있다.

첫째, 봄은 단비가 뿌리와 잎맥을 적셔 꽃을 피우는 절기다.

둘째, 서풍이 숲과 들판에 정기를 불어넣는 절기다. "The West Wind" 대신 Zephyr(그리스 신화에 나오는 서풍의 신 제피

루스)란 단어를 사용했는데, 이것은 수사법 중 하나인 의인법 (擬人法, personification)에 해당한다.

셋째. 4월에 해당하는 별자리(천궁)는 황소자리(Taurus)와 백양궁(Aries)으로, 뿔 달린 동물들이 상징하듯 충동적인 절기다.

넷째, 4월은 새들도 짝짓기를 하느라 흥분하여 뜬눈으로 밤을 지새우는 때다. 여기에는 유머(humour)가 사용되었다. 영어 April의 어원은 라틴어 아페리레(aperire)이며 '열다, 싹을 틔우다'라는 뜻이다. 로마인들은 4월을 aprilis로 표기했다.

유럽의 변방인 영국에서 14세기에 초서가 『캔터베리 이야기』라는 대작을 쓸 수 있었던 비결은 무엇일까? 그는 외교관 신분으로 이탈리아에 가서 문학적 세례를 받았다. 그는 페트라르카(Francesco Petrarch, 1304~1374)의 소네트를 접했을 뿐만 아니라 라틴어를 차용하고, 수사학을 구사하고, 보카치오의 이야기 모음집인 『데카메론』의 형식을 빌렸다. 이처럼 로마에서 문학적 세례를 받은 초서는 국제적 안목을 지닌 유럽의 시인이라 할 수 있다.

역설

4월을 노래한 또 다른 시가 20세기 초반에 등장한다. T. S. 엘리엇(T.S. Eliot, 1888~1965)이 쓴 장편 시 『황무지(The Waste Land)』(1922)다. 100년 전에 쓴 시를 읽어 보자.

From *The Waste Land* (by T. S. Eliot)

1. The Burial of the Dead

April is the cruelest month, **breeding**

Lilacs out of the dead land, **mixing**

Memory and desire, **stirring**

Dull roots with spring rain.

Winter kept us warm, **covering**

Earth in forgetful snow, **feeding**

A little life when dried tubers.

4월은 가장 잔인한 달,

죽은 땅에서 라일락을 키우며,

추억과 욕망을 뒤섞고,

봄비로 잠든 뿌리를 깨운다.

겨울은 오히려 따뜻했다.

망각의 눈[雪]으로 대지를 덮고

마른 알뿌리로 약간의 생명을 길러 주었다.

제목 '황무지'는 제1차 세계대전 후 잿더미가 된 유럽 문명을 지시하는 은유(隱喩, metaphor)다. 은유는 대상을 그와 유사한 성질을 지닌 다른 말로 대체하는 비유법으로 의미의 다층적 깊이를 지닌다. 은유는 우리의 앎 너머(meta-)로 옮기는 비유 언어로서 신비를 일으킨다. 이 호기심이 독자의 인식을 이끈다.

위 시행에서 두 가지에 주목할 필요가 있다.

첫째, "4월은 가장 잔인한 달"이란 역습 발언이 충격을 주며 비관적 분위기를 만든다. 시적 화자는 구원의 희망이 없는 황무지에서 봄은 더 이상 소생의 계절이 아니라고 인식한다. 이 시에서 언어는 사물의 재현이 아닌, 사고의 전달 도구로서 기능한다.

둘째, 주절을 먼저 위치시켜 통사 구조를 만들었다. 4월(April)에 수식구인 breeding ~, mixing ~, stirring ~을 덧붙여 긴 문장을 완성했다. 이어지는 문장에서도 겨울(Winter)에 두 개의 수식구인 covering ~, feeding ~을 덧붙였다. 현재분사

형 ~ing을 연속적으로 사용하여 울리는 소리음을 만들었다.

"4월은 가장 잔인한 달"과 "겨울은 오히려 따뜻했다"라는 문장은 역설적 진리를 전달한다. 이건 대화가 아닌 속삭임 혹은 독백에 가깝다. 그래서 말의 틈새와 글의 행간 읽기가 중요하다. 역설(逆說, paradox)은 이처럼 외관상 모순되어 보이지만, 그 안에 어떤 진실을 담고 있는 논증이다.

전사 반복, 두운, 의인법
—시드니, 「애스트로필과 스텔라」

16세기에 이르러 필립 시드니 경(Sir Philip Sidney, 1554~1586)과 셰익스피어가 소네트(Sonnet)를 선보인다.

본래 소네트는 13세기경 이탈리아에서 발생한 10음절 14행으로 이루어진 짧은 시다. 짧은 시 한 편으로 사랑을 얻을 수 있다는 기대감 혹은 욕망은 위대한 시문학을 낳았다. 멜빈 브래그의 말을 인용하면, "소네트는 영어를 갈고 닦아 모든 단어에 윤을 내고 경쟁자의 눈을 휘둥그레지게 할 수 있는 터가 되었다"(『영어의 힘』, 208쪽).

이탈리아 시인 페트라르카가 쓴 소네트는 앞 8행을 이루는 옥타브(octave)와 그 뒤를 따르는 6행의 세스텟(sestet)으로 구성된다. 그런데 페트라르카의 소네트에는 상투적인 문구가 등장한다. 예를 들면 사랑은 "얼어붙게 하는 불길(a freezing fire)", 연인의 눈빛은 "사랑하는 사람의 심장에 박히는(striking the lover's heart) 화살"이다.

반면에, 시드니 경은 페트라르카 풍을 모방했지만 과장법(誇張法, hyperbole)을 피하고 자신만의 어구를 창조했다. 또한 대화체 언어를 사용하여 시에 활력을 불어넣었다.

연작 소네트 형식의 「애스트로필과 스텔라(Astrophil and Stella)」(1591)는 시드니와 페넬로페 데브뢰(Penelope Devereux) 간의 사랑을 노래한다. 애스트로필은 작가 자신을, 스텔라는 페넬로페를 각각 의미한다. 간략한 줄거리는 이렇다. 애스트로필은 스텔라를 사랑하나, 스텔라는 기혼 여성이라 그의 사랑을 받아들일 수 없다. 애스트로필의 사랑을 알게 된 스텔라는 정신적인 사랑(platonic love)을 고집한다. 갈등하던 애스트로필이 잠든 스텔라에게 키스하자 그녀가 화를 내고 애스트로필은 절망한다. 애스트로필은 스텔라의 마음을 얻기 위해 시를 쓴다. 원문을 읽어 보자.

Astrophil and Stella <small>(Sir Philip Sidney)</small>

1.

Loving in truth, and fain in verse my love to show,

That the dear She might take some pleasure of my pain,

Pleasure might cause her read, reading might make her know,

Knowledge might pity win, and pity grace obtain,

I sought fit words to paint the blackest face of woe,

Studying inventions fine, her wits to entertain,

Oft turning others' leaves, to see if thence would flow

Some fresh and fruitful showers upon my sunburned brain.

But words came halting forth, wanting Invention's stay;

Invention, Nature's child, fled step-dame **Study**'s blows,

And others' feet still seemed but strangers in my way.

Thus great with child to speak, and helpless in my throes,

Biting my trewand pen, beating myself for spite,

"Fool," said my Muse to me, "look in thy heart and write."

진실로 그대를 사랑하기에 시로 사랑을 보여 주기를 간절히 원하오.

그래서 소중한 그녀가 나의 노력에서 즐거움을 얻고,

즐거움으로 시를 읽게 되고, 읽으면 내 사랑을 알게 되며,

알고 나면 연민이 생기고, 연민이 호의를 베풀어 줄까 해서,

난 고통에 잠긴 가장 절망적인 표정을 드러낼 합당한 말을 찾으려 했도다.

그녀를 즐겁게 할 멋진 구절을 궁리하고,

종종 다른 사람의 책장을 넘기며, 혹시나 열정에 불타는 내 머리를

식혀 줄 신선하고 유익한 단비가 쏟아질까 하여.

그러나 창의력이 받쳐 주지 않아 말[言]이 멈칫거리며 나오고,

자연의 산물인 창의력은 계모인 학습의 매질이 무서워 달아나며,

다른 사람들의 시는 여전히 내겐 동행 길의 낯선 이 같다.

그리하여 할 말로 만삭되어 진통 중에 어쩔 줄 몰라

게으른 펜을 깨물면서 홧김에 나 자신을 치는데,

뮤즈 신이 내게 이르기를, "어리석도다. 네 가슴을 들여다보고 글을 써라.   ─필립 시드니, 「애스트로필과 스텔라」

첫 문장에서 시를 쓰는 목적이 잘 드러난다.

"진실로 그대를 사랑하기에 시로 사랑을 보여 주기를 간절히 원하오."

독자는 시인의 말을 듣지만, 연인은 그의 말을 듣지 못한다. 따라서 화자의 어법(manner of speech)은 독백(獨白, monologue)이 아닌 방백(傍白, aside)이다. 각운 체계는 abab, abab, cdcd, ee의 형식을 지닌다.

사랑을 보여 주기를 갈망하는 시인은 두 가지 방법을 두고 고민한다. 하나는 과거 위대한 시인들의 시에서 멋진 문구를 모방하는 것이다. 또 다른 방법은 자신의 속마음을 진솔하게 드러내는 것이다. 전자는 학습(study)을 통한 모방(imitation)의 산물이고, 후자는 창조(invention)의 산물(child)이다. 시인은 뮤즈 신의 도움으로 결론에 이른다.

"어리석도다. 네 가슴을 들여다보고 글을 써라."

시드니는 문학의 역할이 모방이 아닌 창조에 있다고 보았다. 그는 플라톤의 주장—사물의 그림자만 모방하는 쓸모없는 존재인 시인들을 공화국에서 추방해야 한다—을 정면으로 반박한 문학 비평가였다. 시드니는 시인의 "올곧은 지성(erected wit)"을 강조했다.

「애스트로필과 스텔라」 소네트에서 눈에 띄는 것은 전사반복(前辭反復, anadiplosis) 수사법이다. anadiplosis("doubling" or "repetition")는 그리스어로, 선행절이나 단락의 마지막 단어를 다음 절이나 단락의 첫머리에 반복해서 사용하는 기법이다. 「애스트로필과 스텔라」의 도입부를 예로 들어 살펴보자.

> That the dear She might take some **pleasure** of my pain,
> **Pleasure** might cause her **read**, **reading** might make her **know**,
> **Knowledge** might **pity** win, and **pity** grace obtain,

> 그래서 소중한 그녀가 나의 노력에서 즐거움을 얻고,
> 즐거움으로 시를 읽게 되고, 읽으면 내 사랑을 알게 되며,
> 알고 나면 연민이 생기고, 연민이 호의를 베풀어 줄까 해서,

마치 기어가 맞물리듯, 시인은 선행절의 마지막 단어들을 다음 절의 첫머리에 반복하여 자연스럽게 문장을 연결한다.

두운법이 사용된 곳도 살펴보자. 시인은 사랑을 얻고자 "난 고통에 잠긴 가장 절망적인 표정을 표현할 합당한 말을 찾으려 했도다"라고 고백한다. 그래서 그는 이전 시인들의 연애시를 연구하여 문구를 가져올 생각을 해 본다("종종 다른 사람의 책장을 넘기며, 혹시나 열정에 불타는 내 머리를 식혀 줄 신선하

고 유익한 단비가 쏟아질까 하여"). 여기서 "신선하고 유익한 단비
(*fresh and fruitful showers*)"는 영감(inspiration)을 의미한다. 운율
을 절묘하게 살린 멋진 표현이다.

의인법도 눈에 띈다. 창조를 "자연의 산물(Nature's child)"
에, 학습을 "못된 계모(step-dame)"에 각각 빗댔다. 창조가 계
모의 학대가 무서워 도망가는 형국이다. 계속해서 시인은 타
인의 연애 시를 낯선 사람에 비유한다("다른 사람들의 시는 여전
히 내겐 동행 길의 낯선 이 같다"). 그리고 할 말이 많으나 글이 나
오지 않는 자신을 산모(産母)에 비유했다("그리하여 할 말로 만
삭되어 진통 중에 어쩔 줄 몰라"). 마침내 시인은 뮤즈 신 중 한 명
인 에라토(Erato)의 조언을 받아 연애시를 쓰는 방법을 터득
한다.

꿀을 바른 혀

—셰익스피어, 「소네트 18번」

영어와 시문학의 품격을 한껏 드높인 주인공은 셰익스피
어(William Shakespeare, 1564~1616)다. 대학의 재사(才士)였던
리처드 그린은 장갑 제조업자의 아들인 셰익스피어의 출세
를 질투하여 그를 "벼락출세한 까마귀(an upstart crow)"라고

깎아내렸다. 하지만 셰익스피어는 위대한 문호, 감정의 백만 장자, 언어의 연금술사라는 여러 별명을 지닌다.

멜빈 브래그는 "소네트는 I[나, 즉 셰익스피어]의 결투 장소 이자 언어의 실험실이자 그의 명함이었다"(『영어의 힘』, 225쪽) 라고 평했다. 소네트는 14행의 제한된 분량 속에 시어의 선택과 배열의 완벽성을 선보이는 장르다. 형식의 규제가 오히려 더 창의적인 결과물을 낳을 수 있다는 점이 흥미롭다.

영국식 소네트의 구조를 살펴보면, 앞 12행은 3개의 4행 (quatrain)과 그 뒤를 따르는 2행(couplet)으로 되어 있다. 앞의 각각의 quatrain은 개별적인 은유를 전개하고, couplet에서 결론을 맺는다. 영국식 소네트의 각운 체계는 abab, cdcd, efef, gg의 형식을 지닌다. 셰익스피어 소네트 18번을 읽어보자.

Sonnet 18: Shall I compare thee to a summer's day?

Shall I compare thee to a summer's day?

Thou art more lovely and more temperate:

Rough winds do shake the darling buds of May,

And summer's lease hath all too short a date;

Sometime too hot the eye of heaven shines,

And often is his gold complexion dimmed;

And every fair from fair sometime declines,

By chance or nature's changing course untrimmed.

But thy eternal summer shall not fade,

Nor lose possession of that fair thou ow'st;

Nor shall death brag thou wander'st in his shade

When in eternal lines to time thou grow'st:

    So long as men can breathe or eyes can see,

    So long lives this, and this gives life to thee.

내 그대를 한여름날에 비할 수 있을까?

그대는 여름보다 더 아름답고 화창하여라.

거친 바람이 5월의 고운 꽃봉오리를 흔들고,

여름의 기한은 너무나 짧아라.

때로 태양은 너무 뜨겁게 쬐고,

그의 금빛 얼굴은 흐려지기도 하여라.

어떤 아름다운 것도 언젠가는 그 아름다움이 기울어지고

우연이나 자연의 변화로 고운 치장을 뺏기도다.

그러나 그대의 영원한 여름은 퇴색하지 않고,

그대가 지닌 미는 잃어지지 않으리라.

죽음도 뽐내진 못하리, 그대가 자기 그늘 속에 방황한

다고

불멸의 시편 속에서 그대 시간에 속 동화(同和)되나니.

인간이 숨을 쉬고 볼 수 있는 눈이 있는 한

이 시는 살고 그대에게 생명을 주리.

— 피천득 옮김, 『셰익스피어 소네트』, 27쪽

시인은 첫 행에서 수사학적 질문(rhetorical question)을 던진다.

"내 그대를 한여름날에 비할 수 있을까?"

독자의 관심을 낚아채는(grab or hook) 전략이다. 수사학적 질문은 어떠한 물음에 대한 대답이 너무나 명백해서 대답을 요구하지 않는다.

각각의 4행은 그대의 "영원한 사랑"을 "한여름 날"에 비교할 수 없는 가치 우위에 대해 말한다. 마지막 2행에서는 시 속에서 그대의 아름다움이 영원할 것이라고 결론 짓는다. 시인 혹은 시문학의 위대함을 노래한 시다.

위 「소네트 18번」을 제대로 이해하려면 영국에서 여름이 긍정적인 의미를 지닌다는 점을, 말하자면 문화적 맥락을 이해해야 한다. 한국에서 여름은 불볕더위를 떠올리게 하지만, 영국에서 여름은 온화함과 연관된 좋은 절기다. 일조량이 짧고 선선한 여름을 사랑스러운 연인에게 비교하여 mild, lovely, temperate 같은 수식어가 여름에 따라붙는다. 화자는 연인을 여름날에 비교하며, 여름날보다 더 높게 평가하는 전개 방식, 즉 유비(類比, analogy)를 사용한다. 유비는 두 개의 사물 사이의 몇몇 성질이나 관계의 닮음을 비교한 후 차이를 드러내는 방식이다.

그런데 연인(thee, 당신)과 여름날 사이에는 근본적인 차이가 있다. 화자는 여름날의 유한함을 조목조목 지적한다. 즉, 여름날은 "빌려온 기간(summer's lease)"이다. 여름은 불과 3개월 임차한 유한한 기간이다. 다음으로 여름날은 "너무 뜨겁고(too hot)", 때가 되면 "고운 치장을 빼앗긴다(untrimmed)". 즉, 여름은 지속 가능하지 않다.

반면에, 그대(남성 후원자 혹은 연인)가 지닌 아름다움은 영원할 것이라고 시인은 단언한다. 이런 확신은 어디서 생겨나는 것일까? 시인은 그대의 아름다움은 "역사의 마지막 시간이 끝나는 지점까지(to time)" "불멸의 시편 속에서(in eternal lines)" "살아남을(grow)" 것이라고 말한다. 후대 사람들이 시를 읽는 순간 시 속의 인물 혹은 그대의 아름다움이 되살아나기 때문이다. 이처럼 셰익스피어의 소네트는 시인 혹은 시 문학의 위대함과 영원함을 노래한다.

각운 체계와 관련하여 한 가지 짚고 넘어갈 것이 있다. 첫 4행의 각운을 abab(day-temperate-May-date)로 맞췄다. 여기서

형용사 temperate[témpərit]가 16세기 당시에는 [témpəreit]로 발음되었을 수 있다.

수사법의 하나로 의인법도 사용되었다. 태양을 "하늘의 눈(the eye of heaven)"으로, 죽음을 "그늘(shade, 지옥)의 안내자"로 각각 의인화했다.

마지막으로 영국식 소네트의 보격(步格, meter) 체계는 약강(혹은 단장短長) 5음보(iambic pentameter)로 이루어진다. 음보 혹은 율격은 말의 음성적 요소들을 선택하고 배열한 것을 의미한다. 예를 들면 이런 식이다 (˘ 는 약, ′ 는 강).

Shall ˘ I′ / com ˘ -pare′ / thee ˘ to′ / a ˘ sum′ - / mer's ˘ day′ ?

이처럼 리듬감을 잘 살린 문장들이 반복된다.

존 위버의 표현을 빌리자면, "꿀을 바른 혀를 가진 셰익스피어(honey-tongued Shakespeare)"의 등장으로 16세기에 이르러 영어는 운율을 지니고 자신감을 느끼게 되면서 변방의 언어에서 국제적 위상을 지닌 언어로 발전했다. 14행의 시에 영어로 표현할 수 있는 가장 완벽한 결정체를 만들어 내는 시인의 재능에 경탄하게 된다. 소네트는 영어의 품격을 확실히 보여 준다.

기발한 비유

—존 단, 「고별사: 슬픔을 금하며」

바야흐로 융합(convergence)이 강조되는 시대다. 인문학과 공학, 차가운 논리와 따뜻한 감성이 만나서 빚어진 시문학은 참신하다. 이질적인 것들 사이의 유사성을 발견하여 연결하는 기발한 착상(着想, conceit) 덕분이다.

17세기 시인 존 단(John Donne, 1572~1631)의 사랑시 「고별사: 슬픔을 금하며(A Valediction: Forbidding Mourning)」(1633)에는 '금'과 '콤파스' 같은 금속 재질이 생뚱맞게 등장한다. 기발한 착상은 재빠른 두뇌 작용을 보여 준다. 따뜻한 사랑과 차가운 금속을 융합한 이유는 무엇일까?

이작 왈튼(Izaak Walton)에 따르면, 존 단이 이 시를 쓴 이유는 다음과 같다. 1611년 존 단은 유럽 대륙으로 여행을 떠나도록 되어 있었는데, 그는 외국에 있는 동안 부인이 사산아(死産兒, a stillborn child)를 들고 있는 악몽을 꾸게 되었다. 그래서 두고 온 부인을 안심시키기 위해서 쓴 시가 바로 「고별사: 슬픔을 금하며」이다. 기발한 비유가 사용된 두 곳을 살펴보자.

Our two souls therefore, which are one,

Though I must go, endure not yet

A breach, but an expansion,

Like **gold** to airy thinness beat.

If they be two, they are two so

As stiff twin **compasses** are two;

Thy soul, the fixed foot, makes no show

To move, but doth, if th' other do.

그러므로 하나인 우리 두 영혼은

내가 떠나간다 해도 역시 순금처럼

두들겨도 분리되는 일은 없고

아주 얇어질 때까지 늘어날 뿐이다.

우리 영혼이 둘이라면, 우리 영혼은

견고한 한 쌍의 콤파스의 다리가 둘인 것처럼 둘이다.

그대의 영혼은 고정된 다리이며

한쪽이 움직이면 다른 쪽도 움직인다.

　　　　　　　　　　　—존 단,「고별사: 슬픔을 금하며」

첫 번째 기발한 비유는 금(gold)이다. 연금술사가 금을 두

들겨 만든 엷은 금박은 끊어지지 않고 엷게 확장된다. 마치 공기처럼(airy) 대기중으로 퍼진다. "그들의 사랑은 헤어질수록 더 넓은 공간을 차지한다는 엄청난 역설이면서 발상의 전환을 보여 준다"(박영원, 『영시 마스터 플랜』, 109쪽). 또한 금은 썩지 않는 속성을 지닌다. 이런 점에 착안하여 존 단은 서로 "연결된(connected)" "변치 않는(eternal)" 정신적 사랑을 표현했다. 부인과 일시적으로 떨어져 있어야 하는 상황에서 시인은 부인을 이렇게 설득한다. 우리의 일시적 떨어짐은 "단절이 아닌 확장을 견디는 것이다(endure not yet / A breach, but an expansion)".

두 번째 기발한 비유는 제도용 콤파스(compasses)다. 원을 그리는 도구인 콤파스는 두 다리가 함께 움직인다. 이런 점에 착안하여 존 단은 부부가 일심동체라는 점을 표현했다. 콤파스가 의인화되었다. 몸을 기울이고, 곧추세우며, 듣는다. 바깥다리가 움직이면 중심축(안쪽 다리)도 함께 움직인다. 완벽한 원을 그리려면 안쪽 다리가 중심을 유지하고 제자리에서도 맴돌아야 한다. 그러지 않으면 원이 흔들린다. 즉, 대륙으로 출장을 떠나는 시인이 심리적 안정감이 흔들리게 된다.

「고별사: 슬픔을 금하며」는 아마도 가장 지적(知的)인 영시에 속한다. 형이상학파 시인 존 단은 이 시에서 다양한 학문 분야의 지식을 동원하여 자기 상상력을 확장한다. 연금술과 기하학 이외에도 그는 신학과 천문학 지식을 동원한다. 신학 지식을 살펴보자. 고결한 사람과 속인을 구분한 후 고 결한 사람의 사랑은 신성하고 정제된 것임을 말한다. 한 걸음 더 나아가 그는 속인들은 지진에 떨지만 고결한 사람들은 지구 밖의 천체가 심하게 요동을 쳐도 호들갑을 피우지 않는다고 말한다. 따라서 고결한 사람들은 "서로 마음이 통하여(inter-assured of the mind)" 상대방의 부재(不在)를 잘 견디기에 자신들의 사랑은 "정제된(refined)" 것이라고 가치 우위를 단언한다. 이른바 구별 짓기 전략이다.

삼단논법
―앤드루 마블, 「수줍은 여인에게」

시에도 논리가 필요하다. 상대방의 마음을 얻으려면 설득의 수사가 동반되어야 한다. 앤드루 마블(Andrew Marvell, 1621~1678)은 「수줍은 여인에게(To His Coy Mistress)」(1650)에서 삼단논법(三段論法, syllogism)을 동원하여 구애한다. If(만약)―But(그러나)―Therefore(그러므로)로 이어지는 삼단논법은 어떤 명제로부터 추론 규칙에 따라 결론을 끌어내는 연역적 추론(deductive reasoning)이다.

「수줍은 여인에게」는 여인의 육체를 탐하는 남성의 성적 욕망을 한껏 드러냈다는 점에서 아마도 '가장 야한(the most rosy)' 영시에 속할 것이다. 17세기에 이렇게 노골적으로 성적 욕망을 표현한 것이 가히 놀랍다. 이 시에서 구애의 대상은 1650년경 마블이 개인 교사로 일할 당시의 장교의 딸이다. 그는 그녀를 꼬드기려고 합당한 논리로 설득한다. 마블이란 이름에 걸맞게 '마블러스(marvelous)'한 시다.

호색한이 음탕한 성적 욕망을 드러내는 장면을 읽어 보자.

then worms shall try

That long preserv'd virginity,

And your quaint honour turn to dust,

And into ashes all my lust.

The grave's a fine and private place,

But none I think do there embrace.

굼벵이는

그토록 소중히 간직하던 처녀성을 시식하고,

그대의 예스러운 멋을 지닌 영예도 티끌이 되고

나의 온갖 색욕 또한 재로 변할지니,

무덤은 멋지고 사적인 곳이 되겠지만

그 속에서는 아무도 껴안지를 못하는 곳.

—앤드루 마블, 「수줍은 여인에게」

화자는 살아 있는 동안 서로 사랑하자고 여인을 설득한다. 그대의 영예는 티끌로, 나의 색욕은 재로 변한 것이며, 무덤 속에서는 포옹도 할 수 없다는 이유를 들며 그녀한테 압박을 가한다. 각운 체계도 2행씩 짝을 이루고 있다(try-virginity / d*ust*-l*ust* / pl*a*ce-embr*a*ce). 압운을 만들고, dust-lust는 글자 수도 같다.

「수줍은 여인에게」의 결론은 카르페 디엠(carpe diem), '오늘을 즐기자'이다. 젊을 때 육체적 사랑을 나누며 즐거움을 만끽하자고 설득하는 마지막 장면을 보자.

Let us roll all our strength, and all
Our sweetness, up into one ball;
And tear our pleasures with rough strife
Through the iron gates of life.
Thus, though we cannot make our <u>sun</u>
<u>Stand still</u>, yet we will make him run.

우리의 있는 힘과 온갖 감미로움을

하나의 공으로 똘똘 뭉쳐 굴려서,

삶의 철문을 관통하여

거친 투쟁으로 우리의 쾌락을 쟁취하자.

이런 식으로 우리는 태양을 멈추게는 못하지만

우리는 태양을 운행하게 할 수는 있다.

—앤드루 마블, 「수줍은 여인에게」

몸을 "하나의 공으로 똘똘 뭉쳐 굴려서"라는 표현은 육체
적 결합을 의미할 수 있다. 성적 욕망을 완전히 연소시키길
원하는 화자는 "거친 투쟁으로 우리의 쾌락을 쟁취하자"라
고 여인을 설득한다. 후반부로 갈수록 조급해진 화자의 어조
도 빨라지고 숨결도 거칠어진다. 여기서도 각운 체계는 2행
씩 짝을 이루고 있다(*all-ball* / *strife-life* / *sun-run*). 그리고 *sun*
*stand still*에서 두운을 만들고, sun-run은 글자 수도 맞췄다.

「수줍은 여인에게」의 전체적인 흐름을 좀 더 살펴보자. 도
입부에서 화자는 전혀 서두르지 않는다. 만약(If) 우리에게
충분한 세상과 시간이 있다면 채근하지 않고 느긋하게 기다
려 줄 수 있다고 말하며 상대방을 안심시킨다. 여인이 인도
의 갠지스강에서 보석을 찾더라도 화자는 헐(Hull) 시티의
험버강에서 그녀를 기다려 줄 수 있다고 아량을 베푼다. 험
버강에서 가장 먼 대척점이 갠지스강이라는 점도 절묘하다.

그러나(But) 시간은 "날개 달린 전차(Time's winged chariot)"처럼 질주하여 우리를 죽음으로 몰아간다. 그러므로(Therefore) 현재를 즐기자고 설득한다.

「수줍은 여인에게」에 사용된 두 가지 멋진 비유는 '식물적 사랑'과 '거대한 영원이란 불모지'다. 두 비유의 의미를 온전히 이해할 필요가 있다. 화자는 "나의 식물적 사랑은 제국보다 더 방대하게 자랄 것이다(My vegetable love should grow / Vaster than empires)"라고 말한다. "식물적 사랑"은 느리게 자라는, 즉 시간이 많이 걸리는, 그러면서 죽을 운명인 그런 사랑을 의미한다. 제국은 영국이 일군 방대한 식민지를 의미한다. 다음으로 화자는 "그리고 우리 앞 저쪽에 거대한 영원이란 사막이 놓여 있다(And yonder all before us lie / Deserts of vast eternity)"고 말한다. 인간은 유한한 존재, 즉 죽을 운명이기에 거대한 크기의 영원은 쓸모없는 땅, 즉 불모지 사막에 불과하다. 따라서 화자는 수줍은 여인에게 대범하라고 요구한다. 설득당하는 여인의 마음이 심하게 흔들릴 것 같다.

풍자

―『유토피아』와 『걸리버 여행기』

풍자(諷刺, satire)는 우월한 입장에서 "인간의 제도나 인류가 개선되도록 비평 태도에 유머와 위트를 혼합한 문학 양식"이다(카터 콜웰, 『문학개론』, 66쪽). 신랄한 비꼼을 의미하는 풍자는 "원시시대에는 주문(呪文)의 하나였다"(이상섭, 『문학비평용어사전』, 280쪽). 풍자가 위축되면 차가운 웃음, 즉 냉소(冷笑, cynicism)가 된다. 냉소는 "비수처럼 찌르는 예리함"만 지닌다(같은 책, 281쪽). 풍자에서는 화자의 개성을 드러내는 어법에 주목할 필요가 있다.

토머스 모어, 『유토피아』(1516)

16세기 르네상스 시대의 대표적인 인본주의자는 토머스 모어(Thomas More, 1478~1535)다. 그는 『유토피아(Utopia)』(1516)에서 금과 은을 숭배하는 인간들을 교정하기 위해 풍자를 사용했다. 그는 가상의 공간인 유토피아(utopia, '어디에도 없는 곳nowhere'이란 뜻)에서 시행하는 이상적인 제도를 소개하며 당시 영국의 타락상을 비판했다. 유토피아에는 국왕이 없고, 모두가 6시간 노동에 종사하며, 공동 생산과 분배 원칙을 따르고, 화폐 사용과 사유재산을 폐지한다. 이런 모어의 공산주의 모델은 사회주의 사상의 모태가 되었다. 공산주의의 핵심은 불평등을 초래하는 소유욕 억제에 있다. 하지만 자본주의 시장경제는 생산성 저하를 이유로 공산주의를 받아들이지 않는다. 모어는 금과 은을 치욕의 상징으로 여기는 유토피아 사람들을 소개한다.

1) The chains and heavy fetters of slaves are also made of these metals[gold and silver]. Finally criminals who are to **bear** the mark of some disgraceful act are forced to **wear** 2) golden rings in their ears and on their fingers, golden chains around their necks, even gold crowns on their heads. Thus they hold up gold and silver to scorn in every conceivable way.

— Thomas More, "Gold and Silver," *Utopia*

제2부 「금과 은」

노예들을 묶는 사슬이나 족쇄 역시 귀금속으로 만듭니다. 마지막으로 일평생 명예롭지 못한 행위의 표지를 달고 다녀야 하는 범법자들은 금귀고리와 금목걸이를 해야 하고 심지어 금관을 머리에 써야 합니다. 즉, 이 사람들은 금과 은을 가능한 최대의 조롱거리로 만든 것입니다.

—토머스 모어, 주경철 옮김, 『유토피아』, 89쪽

이렇게 모어는 물신 숭배를 풍자한다. 금배지를 단 국회 의원들에게 뜨끔한 맛을 보여 주는 글이다.

풍자는 비판을 위한 가장 날카로운 칼[劍]이다. 문장의 특성을 의미하는 문체(글투, style)는 라틴어 'stilus'(그리스어 stylos)에서 파생했으며, 본래 "나무나 철로 된 필기도구를 의미했다"(이종오, 『문체론』, 16쪽). 위 원문의 첫 문장 1)과 중간 2)를 보면 복수형 '−s'를 계속 반복하여 치찰음(齒擦音)을 낸다. 단어 bear와 wear는 압운을 만들며 글자 수도 같다. 부사 Finally와 Thus를 사용하여 논리를 전개한다.

조너선 스위프트, 『걸리버 여행기』(1726)

18세기는 계몽의 시대, 이성의 시대, 산문의 시대로 풍자 장르가 유행했다. 풍자의 대가인 조너선 스위프트(Jonathan Swift, 1667~1745)는 전혀 선하지 않은 인간을 극도로 싫어했다. 그는 인간을 '합리적 동물,' '만물의 척도'로 보길 거부했다. 그는 이성과 합리성을 비판의 준거로 삼아 인간의 어리석음을 계몽하고자 했다. 자유분방한 혀[舌]를 무기로 사용했다.

『걸리버 여행기(Gulliver's Travels)』(1726)에는 야후족(the Yahoos)과 후이넘족(Houyhnhnms)이 등장한다. 그의 인간 혐오증은 말[馬] 사랑으로 이어진다. 야후족은 인간 형상을 지녔으나 식욕과 욕정에 사로잡힌 '비열한(abject)' 존재다. 반면에 야후족이 하인으로 부리는 후이넘족은 비록 동물이지만 통제가 잘되며 영민하다. 걸리버는 말썽을 피우며 수만 가지

방종을 저지르는 야후족을 지구상에서 멸종시켜야 한다고 생각한다. 그는 인간과 동물의 지위를 완전히 전복시키는 충격 요법을 준다.

『걸리버 여행기』의 11장에 드러난 인간 혐오증을 살펴보자. 그가 영국으로 돌아온 후 5년이 흐른 시점이다.

As soon as I entered the House, my Wife took me in her Arms, and kissed me, at which, having not been used to **the Touch of that odious Animal** for so many Years, **I fell in a Swoon for almost an Hour**. At the time I am writing it is Five Years since my last Return to England: During the first Year I could not endure my Wife or Children in my Presence, the very Smell of them was intolerable, <u>much less could</u> I suffer them to eat in the same Room. To this Hour they dare not presume to touch my Bread, or drink out of the same Cup, <u>neither was</u> I ever able to let one of them take me by the Hand. **The first Money I laid out was to buy two young Stone-Horses**, <u>which</u> I keep in a good Stable, and next to them the Groom is my greatest Favourite; <u>for</u> **I feel my *Spirits* revived by the *Smell* he contracts in the Stable**. My Horses understand me tolerably well; I converse with them at least four Hours every Day. They are Strangers to Bridle or Saddle; they live in great Amity with me, and Friendship to each other.

— Jonathan Swift, *Gulliver's Travels*, Chapter 11

아내는 나를 껴안고 입을 맞추었다. 나는 거의 한 시간 동안이나 기절했다. 그렇게 역겨운 동물과 오래도록 접촉해 보지 않았기 때문이다. 이 여행기는 영국으로 돌아온 후 5년이 지난 다음에 쓰는 것이다. 처음 1년은 아내나 아이들이 곁에 있는 것조차 참을 수 없었다. 그들에게서 풍기는 냄새는 정말로 견디기 어려운 것이었다. 그들과 함께 식사한다는 것은 더욱 참기 어려웠다. 아내와 아이들은 지금까지도 나의 음식에 손을 대거나 같은 잔으로 물을 마시지 못한다. 아무도 나의 손을 잡지 못하게 했다.

나는 두 마리의 수컷 말을 사들이기 위해 처음으로 돈을 사용했다. 훌륭한 마구간에 말을 넣었다. 두 마리의 말을 제외하고 내가 가장 좋아하는 것은 말을 돌보는 사람이다. 말을 돌보는 사람에게 배어 있는 마구간의 냄새만 맡아도 나는 정력[기운]이 솟구치는 것을 느낀다. 말들이 나를 잘 이해해 주었다. 나는 매일 네 시간씩 말과 이야기를 나누었다. 지금까지 나는 말에게 고삐나 안장을 얹어보지 않았다. 나와 말은 서로를 사랑하고 있다. 말들끼리도 사이가 좋다.

—조너선 스위프트, 신현철 옮김, 『걸리버 여행기』, 366－367쪽

여행에서 돌아온 걸리버는 인간을 "불쾌한 동물(odious Animal)로 여기고, 모아 둔 돈으로 번식용 종마(種馬, stone-horses)를 산다. 이것은 이성의 능력을 상실한 인간에 대한 따끔한 충고, 즉 정문일침(頂門一鍼)이다. 군더더기가 없는 잘 쓴 영어 문장이다. 이성의 힘으로 감정을 통제한 점이 돋보인다. 관계대명사 'which'와 등위접속사 'for'를 사용하여 문장을 연결했다. 부사를 앞세운 'much less could~'와 'neither was ~'의 도치 문장도 눈에 띈다. spirits-smell-stable에서 두운 's-'를 연속적으로 살려서 읽기에도 편하다.

이언 매큐언, 『바퀴벌레』(2019)

사회 풍자는 우리 시대 최고의 영국 소설가로 평가받는 이언 매큐언(Ian McEwan, 1948~)의 소설에서 두드러진다.

중편소설 『바퀴벌레(The Cockroach)』(2019)에는 바퀴벌레 총리가 등장한다. 『바퀴벌레』는 영국을 분열시킨 브렉시트 정책에 대한 정치 풍자 소설이다. 주인공 짐 샘스는 보리스 존슨 당시 총리를 희화한 인물이다. 소설의 제목은 포퓰리즘을 숙주로

한 영국 총리를 비하하는 표현이다. 바퀴벌레는 약 3억 2천만 년 전부터 인간과 함께해 온 가장 오래된 끈질긴 야행성 생명체로 인간에게 불쾌감과 공포감을 자아내는 곤충이다.

한편 미국 CNN의 간판 앵커 앤더슨 쿠퍼는 트럼프를 "뜨거운 태양 아래 뒤집힌 매우 살이 찐 거북이(an obese turtle on his back flailing in the hot sun)"에 비유했다. 대통령 선거 결과에 승복하지 않고 기자회견을 열어 아무런 근거 없이 부정선거라고 주장하는 트럼프를 빗댄 말이다. "바퀴벌레"와 "살이 찐 거북이"는 인간을 퇴화 동물에 견준 것이다. 『바퀴벌레』에서 샘스 영국 '바퀴벌레' 총리가 터퍼 미국 대통령한테 당신도 자신처럼 다리가 여섯인 '바퀴벌레'가 아닌지 묻는다. 전체주의 국가는 표현의 자유로움을 수반하고 웃음을 유발하는 풍자를 용인하지 않는다. 풍자 전통은 『걸리버 여행기』로 거슬러 올라간다.

다른 목소리
—샬럿 브론테, 찰스 디킨스, 버지니아 울프

샬럿 브론테, 주체적인 여성
샬럿 브론테(Charlotte Brontë, 1816~1855)는 제인 에어라는 독립적인 여성 인물을 창조했다. 가정교사인 제인은 역경에

굴하지 않고, '변화와 자극'을 갈망하는 진취적인 인물이다. 그녀는 억압의 공간인 외숙모의 집과 규율의 공간인 로우드 학교를 벗어난 후 로체스터 집의 가정교사(governess)가 된다. 다음은 제인이 자신도 감정을 지닌 인간이라고 로체스터에 따지는 장면이다.

Do you think I am an automaton? — a machine without feelings? and can bear to have my morsel of bread snatched from my lips, and my drop of living water dashed from my cup? Do you think, because I am poor, obscure, plain, and little, I am soul*less* and heart*less*? You think wrong! — I have as much soul as you, — and full as much heart!

— Charlotte Brontë, *Jane Eyre*, Chapter 23

저를 자동인형이라고 생각하세요? 감정도 없는 기계인 줄 아세요? 그리고 입에 문 빵조각을 잡아채고 컵에 든 생명수가 엎질러지는 것을 참고 견딜 수 있을 것 같아요? 제가 가난하고 신분이 낮고, 작고, 못생겼지만 그렇다고 영혼도 감정도 없는 줄 아세요? 잘못 생각하신 거예요! 저도 당신처럼 영혼이 있고, 당신처럼 감정이 풍부해요!

— 샬럿 브론테, 조애리 옮김, 『제인 에어』, 23장, 366쪽

"Do you think …" 문장을 두 번 반복하면서 제인이 당당하게 목소리를 높인다. 이어서 주어(I)가 단도직입적으로 말한다. 또한 'have+목적어+과거분사' 구문을 사용하여 "~이…를 당한다"라는 문장을 두 번 반복했다. 그런 다음 자신의 약점을 형용사로 나열한다(because I am poor, obscure, plain, and little, I am soulless and heartless). 대등한 개념들을 평행하게 배열한 대구법(對句法, parallelism)이 사용된 문장이다. 그녀는 격앙된 감정을 거침없이 쏟아내며 남녀의 평등을 강조한다. 그녀가 내뱉는 언어 온도와 음색(pitch)이 고스란히 전해진다. 엘렌 식수(Hélène Cixous, 1937~)가 말하는 "여성 고유의 움직임으로(by her own movement)" 제인이 말한다. 제인은 자기 언어로 목소릴 높이며 자아 존중의 욕망을 드러낸다. 위 대사는 여성적 글쓰기(écriture féminine)를 보여 주는데, 이는 기존 남성적 글쓰기의 문법을 따르지 않고 여성의 본질과 생각을 드러내는 방식이다.

'민중 작가' 찰스 디킨스

찰스 디킨스(Charles Dickens, 1812~1870)의 소설 『어려운 시절(Hard Times)』(1854)에는 급진 노조 운동 선동가인 슬랙브리지(Mr. Slackbridge)가 노동자들을 선동하는 연설 장면이 있다. 산업자본가의 압제에서 노동자들의 해방을 주장하는 그의 스피치를 살펴보자.

Oh, my *friends* and *fellow-sufferers*, and *fellow-workmen*, and *fellow-men*! I tell you that the hour is come, **when** we must rally round one another as One united power, and crumble into dust the oppressors **that** too long have battened *upon* the plunder of our families, *upon* the sweat of our brows, *upon* the labour of our hands, *upon* the strength of our sinews, *upon* the God-created glorious rights of Humanity, and *upon* the holy and eternal privileges of Brotherhood!

— Charles Dickens, *Hard Times*

아 나의 동지들이여, 코크타운의 짓밟힌 노동자들이여! 아 나의 동료들이여, 동포들이여, 가혹하고 무자비한 압제의 노예들이여! 아 나의 친구들이여, 동료 수난자들이여, 동료 노동자들이여, 동료 인간들이여! 우리 모두가 하나의 단결된 힘으로 뭉쳐, 우리 가족들이 번 것, 우리 이마의 땀과, 우리 손의 노동과, 우리 근육의 힘과, 인간의 천부적인 위대한 권리와, 형제간의 성스럽고 항구적인 인권을 오랜 세월 뜯어먹고 지낸 압제자들을 산산조각 내서 가루로 만들 시기가 마침내 왔노라고 말하는 바입니다.

— 찰스 디킨스, 장남수 옮김, 『어려운 시절』, 2권 4장 「노동
  자 형제들」, 170쪽

  슬랙브리지는 극단적인 이분법에 따라 동지(*fellow-
sufferers*)와 적(the oppressors)을 명확하게 설정하여 갈라치기를
한다. 그런 다음 노동자들을 규합하여(rally round), 압제자를
가루로 만들자고(crumble into dust) 호소한다. 그의 스피치는
투박하지만, 호소력이 있고 힘이 넘친다. 첫 문장에서 두운
'f-' 사운드를 연속적으로 살렸다. 이어 오랫동안 노동자를
착취하여 배불리 먹은(battened upon ~) 압제자들의 착취 사례
들을 한정의 뜻이 강한 관계대명사 that을 사용하여 구체적
으로 열거한다. 슬랙브리지의 연설은 웅변적이나, 교조적이
고 급진적이다.

  이번에는 디킨스의 또 다른 소설인 『두 도시 이야기』(A Tale of
Two Cities)』(1859)에서, 프랑스 혁명의 양면성—희망과 절망,
기대와 두려움—을 대비시킨 인상적인 첫 단락을 읽어 보자.

  It was the <u>best</u> of times, it was the <u>worst</u> of times, it was

  the age of <u>wisdom</u>, it was the age of <u>foolishness</u>, it was

  the epoch of <u>belief</u>, it was the epoch of <u>incredulity</u>, it was the season of <u>Light</u>, it was the season of <u>Darkness</u>, it was the spring of <u>hope</u>, it was the winter of <u>despair</u>, we had <u>everything</u> before us, we had <u>nothing</u> before us, we were all going direct to <u>Heaven</u>, we were all going direct <u>the other way</u> ....

— Charles Dickens, *A Tale of Two Cities*

최고의 시절이었고, 최악의 시절이었다. 지혜의 시대였고, 어리석음의 시대였다. 믿음의 세기였고, 불신의 세기였다. 빛의 계절이었고, 어둠의 계절이었다. 희망의 봄이었고, 절망의 겨울이었다. 우리 앞에 모든 것이 있었고, 우리 앞에 아무것도 없었다. 우리는 모두 천국으로 향하고 있었고, 또 반대로 가고 있었다….

— 찰스 디킨스, 『두 도시 이야기』

각각의 절들은 "it was ~"로 시작하는 반복 구조를 지니는데, 이것은 의미를 강조하기 위한 것이다. 또한, 시절을 의미하는 미묘한 차이를 지닌 유사한 어휘들을 계속 나열한다 (times, age, epoch, season, spring and winter). 같은 형식의 문장을 반복하면서 의미는 정반대인 문장 세트를 열거한다. 빈칸 추론 문제를 만들기에 좋은 지문이다. 민중과 귀족 계급 간 갈등을 집약한 프랑스 혁명의 양극단을 간결하게 시적으로 표현한 명문장이다.

버지니아 울프의 독백

20세기 여성 작가인 버지니아 울프(Virginia Woolf, 1882~1941)는 내적 독백(內的獨白, interior monologue)이라는 실험적인 표현 방식을 사용했다. 내적 독백은 마음속에 떠오르는 생각, 인상, 연상들을 드러내기 위해 사용하는 수법이다. 뒤에 볼 '의식의 흐름'의 또 다른 명칭이기도 하지만, 의식의 흐름을 재생하기 위한 기법이다.

19세기 리얼리즘이 외적 사건과 외부 행동을 다룬다는 점에서 '외면의 문학'이었다면, 20세기 모더니즘은 자아를 다룬다는 점에서 '내면의 문학'이다. 리얼리즘은 현실을 사실적으로 재현하지만 모더니즘은 자아를 깊이 있게 탐구한다. 미메시스(mimesis) 전통에 반하는 모더니즘에서는 푸코의 말대로 "언어에 의해 재현되는 것으로부터 언어가 단절된다" (푸코, 이규현 옮김, 『말과 사물』, 407쪽).

에세이 「현대의 소설(Modern Fiction)」에서 울프는 "인생은 어둠에서 빛나는 후광, 반투명한 봉투(a luminous halo, a semi-transparent envelope)"라고 정의했다. 그녀는 인생을 담는 소설은 세상을 완벽하게 재현하는 것이 아니라 어렴풋한 진실을 반영해야 한다고 생각했다. 소설 『등대로(To the Lighthouse)』

(1927)의 일부를 보자.

Lilly Briscoe narrates this:

She [Mrs Ramsay] gazed back over **the sea**, at the island.
But **the leaf** was losing its sharpness. It was very small; it
was very distant. The sea was more important now than
the shore. **Waves** were all round them, <u>tossing and sinking</u>,
with **a log** <u>wallowing</u> down one wave; **a gull** <u>riding</u> on
another. About here, **she thought**, dabbling her fingers in
the water, a ship had sunk, and **she murmured, dreamily
half asleep, how we perished, each alone.**

— Virginia Woolf, *To the Lighthouse* III, 10

릴리 브리스코가 서술한다.

그녀는 바다를 넘어서 섬을 응시했다. 그러나 그 잎사귀
는 예리함을 잃어 가고 있었다. 그것은 무척이나 작았고, 대
단히 멀리 있는 듯이 보였다. 이제는 해안보다 바다가 더 중
요했다. 그들 주위에는 파도가 일었다 가라앉았다 하고 있
었고, 나무토막 하나가 파도에 휘말려 미역을 감고 있었고
갈매기 한 마리는 다른 갈매기를 타고 달리고 있었다. 그녀
는 손가락을 물에 담그면서 여기쯤은 배 한 척이 가라앉는

데, 하고 생각했고, 반쯤 잠든 상태에서 꿈꾸듯이 어떻게 우리는 각자 홀로 죽어 가는가, 하고 중얼거렸다.

— 버지니아 울프, 박희진 옮김, 『등대로』, 249쪽

화자이자 화가인 릴리 브리스코가 램지 부인의 외적 움직임을 관찰하고 내면 의식을 포착하여 묘사하는 자유간접화법을 구사한다. 화자는 바다, 잎사귀, 파도, 나무토막, 갈매기를 묘사하더니 이내 죽음에 대해 생각하는 램지 부인의 내면으로 옮겨간다. 램지 부인은 어떤 대상을 응시하다가 문득문득 떠오르는 생각을 포착하는 자유연상법(自由聯想法, free association)을 사용한다. 램지 부인은 "반쯤 잠든 상태에서 꿈꾸듯이", "배 한 척이 가라앉는데"와 "우리는 각자 홀로 죽어 가는가"를 연결한다. 첫 문장 "그 잎사귀는 예리함을 잃어가고 있었다"는 죽음을 넌지시 알리는 복선(伏線, foreshadowing) 구실을 한다. 램지 부인은 죽음을 시간의 흐름 속에서 일어나는 하나의 변화로 무덤덤하게 받아들인다. 이처럼 울프의 글은 사변적이고, 독백조이며, 자유롭다. 말이 글로 침전한다.

울프의 소설은 남성적, 이성적 세계에 저항한다는 점에서 기호적인 작품이다. 세미오틱스(semiotics, 기호학)의 대가인 줄리아 크리스테바는 『시적 언어의 혁명』(1974)이라는 저서에

서 "기호적인 것이란 우리들이 언어 내부에서 감지할 수 있고, 오이디푸스 콤플렉스 전 단계에 속하면서도 아직 남아 있는 힘들의 패턴이나 활동을 의미한다"(테리 이글턴, 김명환 외 옮김, 『문학이론입문』, 231쪽 재인용)고 설명했다. 그런데 문제는, 상징적 질서로 들어가는 단계에서 기호적인 것이 억압을 당한다는 것이다.

울프는 내면 세계를 펼쳐 보인다. 에세이 『자기만의 방(A Room of One's Own)』(1925)에서 울프는 소설에서와는 전혀 다른 문체를 써서 개성 있는 목소리를 직접적으로 드러낸다. 아래 글을 보자.

Are they [women] capable of education or incapable? **Napoleon thought them incapable. Dr Johnson thought the opposite**. Have they souls or have they not souls? **Some savages** <u>say</u> they have none. Others, on the contrary, <u>maintain</u> that women are half divine and worship them on that account. **Some sages** <u>hold</u> that they are shallower in the brain; **others** that they are deeper in the consciousness. **Goethe honoured them; Mussolini despised them**. Wherever one looked men thought about women and thought differently. It was impossible to make head or tail of it all.

— Virginia Woolf, *A Room of One's Own*, Chapter 2

여성은 교육받을 능력이 있는지 없는지? 나폴레옹은 그
럴 능력이 없다고, 존슨 박사는 그럴 능력이 있다고 생각했
습니다. 여성은 영혼이 있는지 없는지? 어떤 야만인들은 여
성에게 영혼이 없다고 말하고, 다른 사람들은 여성은 반쯤
신성하다고 말하며 그러한 연유로 여성을 숭배합니다. 어
떤 현자들은 여성이 두뇌 면에서 머리가 더 나쁘다고 하고
다른 이들은 여성이 의식 면에서는 더 심오하다고 주장합
니다. 괴테는 여성을 존경하였으며 무솔리니는 여성을 경
멸하였지요. 어디를 둘러봐도 남자들은 여성에 대해 생각
하였고 또한 서로의 생각에는 차이가 있었습니다. 나는 이
모든 것의 머리[시작]가 어디인지 꼬리[끝]가 어디인지 다
파악한다는 것은 불가능한 일이라고 결론을 내렸지요.
— 버지니아 울프, 오진숙 옮김, 『자기만의 방』, 56–57쪽

울프는 여성을 차별해 온 가부장제에 분노하고 절망하
며, 차분하고 초연하게, 첫 문장에서 중요한 질문을 제기한
다. "여성은 교육받을 능력이 있는지 없는지?(Are they capable
of education or incapable?)." 그런 다음 군인(나폴레옹, 무솔리니)

과 문인(존슨 박사, 괴테)의 상반된 여성관을 대조한다ー"괴테는 여성을 존경하였으며 무솔리니는 여성을 경멸하였지요 (Goethe honoured them; Mussolini despised them)." 그녀는 이런 대조법(antithesis)을 계속 사용한다. "Some ~", "Others ~" 같은 부정대명사로 시작하는 구문을 사용하여 균형을 지닌 문장을 만들었다. 여성의 지적 능력을 무시하는 사람들을 "야만인들(some savages)"로, 이를 인정하는 사람들을 "현자들(some sages)"로 묘사하고, 's-'음을 반복하는 언어 감각을 선보인다. 또한 '주장한다'를 say, maintain, hold로 변주했다. 문장을 균형 있게, 또는 대등하게 써야 글이 가독성과 명료성을 지니게 된다는 글쓰기의 원칙을 확인할 수 있다.

의식의 흐름: 제임스 조이스, 『율리시즈』

의식의 흐름(stream of consciousness)은 인간의 생각·인상·연상들은 고정된 상태가 아니라 강물처럼 흐르면서 변하기에, 이를 표현하는 방식도 연속적이어야 한다는 인식에서 출발한다. 1890년 미국의 심리학자인 윌리엄 제임스가 처음 사용한 용어다. 의식의 흐름에서는 논리와 문법과 수사학을 희생시켜서라도 무질서한 흐름을 그대로 옮긴다. 비논리적인 파편들이 연속되어 무질서한 흐름을 형성하여 무의식의 파노라마를 펼쳐 보인다.

제임스 조이스(James Joyce, 1882~1941)는 의식의 흐름 수법을 사용하여 혁명적인(혹은 실험적인) 텍스트인 『율리시즈(Ulysses)』(1922)와 『피네건의 경야(Finnegans Wake)』(1939)를 썼다. 그는 쉼표와 마침표 없이 길어지는 문장(sentence sprawl)들을 연속적으로 사용한다. 안정효는 내적 독백과 의식의 흐름의 차이에 대해 "내적인 독백은 의식의 통제를 받으며 의식의 흐름보다 언어적 표현의 차원에 가깝다"(『글쓰기 만보』, 468쪽)고 말한다.

『율리시즈』는 1904년 더블린 시내를 방황하는 유대계 광고업자인 레오퍼드 블룸의 심리적 경험과 방황을 다룬 두툼한 소설이다. 블룸은 신문 광고 외판원인 보일란과 바람을 피운 아내 몰리를 용서한다. 방황과 고민 끝에 그는 아내와 화해하며 삶을 긍정한다. 새로운 이해의 지평이 열린다.

몰리의 무의식이 펼쳐지는 장면을 살펴보자.

[...] and Gibraltar as a girl **where** I was a Flower of the mountain <u>yes</u> when I put the rose in my hair like the Andalusian girls used or shall I wear a red <u>yes</u> **and** how he kissed me under the Moorish wall **and** I thought well as well him as another **and** then I asked him with my eyes to ask again <u>yes</u> **and** then he asked me would I <u>yes</u> to say <u>yes</u>

my mountain flower and first I put my arms around him
<u>yes</u> **and** drew him down to me so he could feel my breasts
all perfume <u>yes</u> **and** his heart was going like mad **and** <u>yes</u> I
said <u>yes</u> I will <u>Yes</u>.

— James Joyce, *Ulysses*

제8장 침실(페닐로페 에피소드)

[…] 내가 소녀로서 야산의 꽃이었던 지브롤터 그렇지 내
가 저 안달루시아 소녀들이 항상 그러하듯 머리에다 장미
를 꽂았을 때 혹은 붉은 걸로 달까 봐 그리고 그이는 무어
의 성벽 밑에서 어떻게 키스했던가 그리고 나는 그이를 당
연히 다른 사람만큼 훌륭하다고 생각했지 그런 다음 나는
그이에게로 눈으로 요구했지 다시 한 번 내게 요구하도록
말이야 그래 그러자 그이는 내게 요구했어 내가 그러세요
라고 말하겠는가라고 그래요 나의 야산의 꽃이여 그리고
처음으로 나는 나의 팔로 그이의 몸을 감았지 그렇지 그리
고 그이를 나에게 끌어당겼어 그이가 온갖 향내를 풍기는
나의 앞가슴을 감촉할 수 있도록 그래 그러자 그이의 심장
이 미칠 듯이 팔딱거렸어 그리하여 그렇지 나는 그러세요
하고 말했어 그렇게 하겠어요 네(yes).

— 제임스 조이스, 김종건 옮김, 『율리시즈』, 1283쪽

원문을 보면 구두점 없이 등위접속사 'and'를 사용하여 문장이 물 흐르듯 연속적으로 이어진다. 삶을 긍정하는 추임새로 'yes'를 반복적으로 사용하여 몰리의 생생한 목소리와 삶의 에너지를 보여 준다.

제국의 되받아 쓰기: 치누아 아체베, 『모든 것이 무너져 내리다』

제국(식민지)의 '되받아 쓰기(writing back)'는 백인 지배자에 맞선 피식민지인의 글쓰기 방식을 의미한다. 피식민지인은 억압과 차별에 맞서, 주인의 언어인 영어를 무기로 사용하여 저항한다. 예를 들면 나이지리아 출신의 치누아 아체베(Chinua Achebe, 1930~2013)는 단순하고 명료한 영어를 구사한다. 그는 영어를 자국의 토착 문학과 문화와 전통을 전 세계와 소통하는 도구로 사용하는 실용주의 전략을 택했다. 영어에 포섭당한 것이 아니라 영어를 전유(專有, appropriate)하여 자신의 비판 시각을 전달한다.

아체베는 소설 『모든 것이 무너져 내리다(Things Fall Apart)』(1958)의 제목을 예이츠(W. B. Yeats, 1865~1939)의 시 「제2의 재림(The Second Coming)」에서 인유했다. "모든 것이 무너져 내린다. 중심을 잡을 수 없다. / 무질서만이 온 세상에 펼쳐진다(Things fall apart; the centre cannot hold; / Mere anarchy is loosed upon the world)." 아프리카 우무오피아(Umuofia) 공동체

의 와해를 보여 주기 위해 예이츠의 시에서 제목을 따왔다. 『모든 것이 무너져 내리다』의 일부를 보자.

But apart from the church, the white men had also brought a government. They had built a court <u>where</u> the District Commissioner judged cases in ignorance. He had court messengers <u>who</u> brought men to him for trial. Many of these messengers came from Umuru on the bank of the Great River, <u>where</u> the white men first came many years before and <u>where</u> they had built the center of their religion and trade and government. These court messengers were greatly hated in Umuofia <u>because</u> they were foreigners and also arrogant and high-handed. They were called *kotma*, and <u>because of</u> their ash-colored shorts they earned the additional name of Ashy Buttocks. They guarded the prison, <u>which</u> was full of men who had offended against the white man's law.

— Chinua Achebe, *Things Fall Apart*, Chapter 20

그러나 백인들은 교회와 함께 정부도 가지고 왔다. 이들은 재판소를 세워 지역의 치안판사가 주민들이 그런 법이 있는지도 모르는 사건들에 대해 판결을 하게 했다. 판사는 법원 전령이라는 것을 두어 이들이 사람들을 재판소로 끌고오게 했다. 많은 전령이 큰 강의 둑에 있는 우무루 출신이었는데, 우무루는 몇 해 전에 백인들이 처음 도착해 그들의 종교와 무역 그리고 정부의 주요 시설을 세운 곳이었다. 이 전령들은 우무오피아에서 증오의 대상이었는데, 그 이유는 이들이 낯설고 거만한 데다가 횡포를 부렸기 때문이었다. 이들은 코트마라 불렸으며, 잿빛 반바지 차림 때문에 재 엉덩이라는 별명도 얻었다. 이들이 경비를 서는 감옥은 백인의 법을 어긴 사람들로 가득했다.

— 치누아 아체베, 조규형 옮김, 『모든 것이 산산이 부서지다』, 205쪽

   백인들이 통치 정부와 법정 및 교회와 교역소를 세우고, 우무루 출신의 법원 전령들은 "잿빛 반바지 차림"으로 백인들에게 부역한다. 우무오피아 입장에서는 외부의 적(백인)과 내부의 적(우무루 출신의 법원 전령들)을 지닌다. 그로 인해 우무오피아 공동체의 모든 것이 산산이 부서진다. 문장 연결에 관계부사(where)와 관계대명사(who, which) 및 접속사(because)와 전치사(because of)를 사용했다. 아체베는 탈식민화가 어렵다는 묵시론적 시각을 드러낸다. 영어를 사용했다는 이유만

으로 아체베가 영어를 숭배하고 그의 영혼이 탈색되었다고 단정할 수는 없다.

빙산 문체: 어니스트 헤밍웨이, 『무기여 잘 있거라』

미국 작가 어니스트 헤밍웨이(Ernest Hemingway, 1899~1961)는 종군기자 출신(제1차 대전에서 구급차 운전병으로 이탈리아 전선에 참전했다)으로 일명 빙산(氷山) 문체를 선보였다. 빙산이 일각(a tip of iceberg)인 10퍼센트만 보여 주고 의미의 상당 부분인 90퍼센트를 물 아래 감추는 것에 착안한 글쓰기 방식이다. 적게 말하고 간결한 문장을 사용하며 감정 표현을 절제하기 때문에, 속뜻을 파악하려면 '행간 읽기(to read between the lines)'가 중요하다.

헤밍웨이의 전매특허인 빙산 문체는 비유나 수사가 없거나 냉정한 어휘를 사용하기 때문에 일명 하드보일드 문체(hard-boiled style)로도 불린다. '하드보일드'는 주전자에 끓인 물에서 수분이 증발한 건조한 상태를 의미한다. 따라서 문체가 말랑말랑하지 않고 비정(非情)하다.

반전(反戰) 소설인 『무기여 잘 있거라』(1929)의 마지막 장면을 읽어 보자.

But after I had got them out and shut the door and

turned off the light it wasn't any good. It was like saying good-by to a statue. After a while I went out and left the hospital and walked back to the hotel in the rain.

— Ernest Hemingway, *A Farewell to Arms* (1929)

그들[의사와 간호사]을 쫓아내고 문을 닫고 불을 껐지만 아무 소용이 없었다. 마치 조각상에 작별 인사를 하는 것 같았다. 잠시 후 병실에서 나와 병원을 떠났고 비를 맞으며 호텔로 걸어왔다.
— 어니스트 헤밍웨이, 유정화 옮김, 『무기여 잘 있거라』, 430쪽

주인공 프레더릭 헨리 중위가 제왕절개 수술 중 과다출혈로 죽은 아내 캐서린 바클리를 병원에 남겨두고 숙소로 돌아가는 장면이다. 조각상(statue)이란 단어를 사용하여 차갑고 움직임이 없는 시신(corpse)을 표현했다. "비를 맞으며 호텔로 돌아갔다"고 묘사하여 주인공의 허무(nada) 혹은 허무주의(nihilism)를 전달한다. 그는 절망과 침묵 속에서 위엄을 지킨다.

헤밍웨이는 형용사와 부사를 사용하지도 않고 4글자를 넘지 않는 동사들만 사용했다(밑줄 참조). 중요한 것은 문장의

흐름을 촉진하는 동사 활용이다. 안정효에 따르면, "동사는 끊임없이 움직이고, 움직임은 정력[활력]의 증거이다"(『글쓰기만보』, 52쪽). 간결하게 상황을 묘사하여 주인공의 심리 상태와 감정을 객관적으로 드러내는 방식은 언어의 경제적 사용을 잘 보여 준다.

02 동시대 영국 작가들의 문체

이시구로, 매큐언, 온다체

완곡법

—가즈오 이시구로, 『남아 있는 나날』

가즈오 이시구로(Kazuo Ishiguro, 1954~)는 일본계 영국 작가다. 일본 나가사키에서 태어나 여섯 살 때 해양학자인 아버지를 따라 영국으로 건너가 그곳에서 교육을 받고 정착하여 전업 작가가 되었다. 2015년에는 노벨 문학상을 받는 영예를 안았다. 부커상 수상작인 소설 『남아 있는 나날(The Remains of the Day)』(1989)이 영화화되면서 유명해졌다. 그는 소설 쓰기의 기본기가 탄탄한 작가로 평가받는다. 특히 그의 문체와 다양한 장르는 글쓰기 지망생들의 관심 대상이다.

　『남아있는 나날』에서 서술 화자는 영국인 집사장 스티븐스다. 달링턴 홀에서 중요한 국제회의가 열리던 날 공교롭게도 늙은 하인인 그의 아버지가 숨을 거둔다. 하녀장인 켄튼 양이 스티븐스에게 부친의 임종 소식을 전하며 대화를 주고받는 장면이다.

　Miss Kenton was still standing out in the hall where I had first spotted her. As I emerged, she walked silently towards the staircase, a curious lack of urgency in her manner. Then she turned and said: "Mr Stevens, I'm very sorry. Your father <u>passed away</u> about four minutes ago."

"I see."

She looked at her hands, then up at my face. "Mr Stevens, I'm very sorry," she said. Then she added: "I wish there was something I could say."

"There's no need, Miss Kenton."

"Dr Meredith has not yet arrived." Then for a moment she bowed her head and <u>a sob escaped her</u>. But almost immediately, she <u>resumed her composure</u> and asked in a <u>steady</u> voice: "Will you come up and see him?"

"I'm very busy just now, Miss Kenton. In a little while perhaps."

"In that case, Mr Stevens, will you permit me to close his eyes?"

"I would be most grateful if you would, Miss Kenton."

She began to climb the staircase, but I stopped her, saying: "Miss Kenton, please don't think me unduly improper in not ascending to see my father <u>in his deceased condition</u> just at this moment. You see, I know my father would have wished me to carry on just now."

"Of course, Mr Stevens."

"To do otherwise, I feel, would be to let him down."

"Of course, Mr Stevens."

— Kazuo Ishiguro, *The Remains of the Day*

켄튼 양은 흡연실 바깥 홀, 내가 처음 목격한 그 지점에 꼼짝하지 않고 서 있었다. 내가 다가가자 그녀는 말없이 층계 쪽으로 향했는데 이상하게도 거동이 별로 다급해 보이지 않았다. 이윽고 그녀가 돌아서더니 말했다.

"스티븐스 씨, 정말 유감이군요. 부친께서 4분 전에 운명하셨습니다."

"알겠소."

그녀는 손만 내려다보더니 잠시 후에 내 얼굴을 쳐다보았다.

"스티븐스 씨, 정말 유감입니다."

그녀가 이렇게 말한 뒤 다시 덧붙였다.

"뭐라고 말씀을 드려야 할지 모르겠네요."

"애쓸 것 없어요, 켄튼 양."

"메리디스 박사[의사]께서는 아직 도착하지 않으셨어요."

말을 마친 그녀는 잠시 고개를 떨어뜨리더니 터져나오는 흐느낌을 간신히 억눌렀다. 그러나 곧바로 평정을 되찾고 안정된 목소리로 물었다.

"올라가서 아버님을 뵈실 거죠?"

"난 지금 몹시 바빠요, 켄튼 양. 잠시 후라면 몰라도."

"그럼 제가 부친의 눈을 감겨 드려도 될까요?"

"그렇게 해 준다면 더없이 고맙겠소, 켄튼 양."

그녀가 층계를 오르기 시작했을 때 나는 그녀를 불러 세우고 말했다.

"켄튼 양, 부친께서 방금 작고하셨는데도 올라가 뵙지 않는다고 막돼먹은 사람으로 생각하지는 말아주시오. 당신도 짐작하시겠지만, 아버님도 이 순간 내가 이렇게 처신하길 바라셨을 거요."

"물론입니다, 스티븐스 씨."

"만약 내가 이렇게 하지 않는다면 그분을 실망시키는 게
될 거요."

"압니다, 스티븐스 씨."

—가즈오 이시구로, 송은경 옮김, 『남아 있는 나날』, 138-
139쪽

두 남녀가 대화를 주고받는다. 다섯 번(볼드체 참조)에 걸친
스티븐스의 절제된 대사가 인상적이다. 아버지의 죽음을 전
해 들은 그의 응답은 아주 간결하다. "알겠소(I see)." 켄튼 양
이 위로의 말을 건네자 그가 말한다. "애쓸 것 없어요, 켄튼
양(There's no need, Miss Kenton)." 그녀가 지금 이층으로 올라
가서 부친의 임종을 보자고 하니, 그가 이렇게 응답한다. "잠
시 후라면 몰라도(In a little while perhaps)." 켄튼 양이 그럼 제
가 대신 눈을 감겨 드릴까요라고 묻자 그가 대답한다. "그렇
게 해 준다면 더없이 고맙겠소, 켄튼 양(I would be most grateful
if you would, Miss Kenton)." 그는 돌아가신 아버지도 자신이 지
금 집사장의 책무를 다하길 바라실 것이라고 이렇게 합리화
한다. "만약 내가 이렇게 하지 않는다면 그분을 실망시키는
게 될 거요(To do otherwise, I feel, would be to let him down)."

스티븐스는 아버지의 죽음을 슬퍼하는 일을 유예한다. 공

과 사를 철저히 구분하는 그의 모습이 애잔하다. 말수가 적은, 감정을 억압하는, 자신의 책무를 우선하는 그의 성격 묘사(characterization)가 인상적이다. 켄튼 양의 감정의 절제와 침착성을 감지할 수 있다. 그녀의 흐느낌(sob)은 소릴 내며 우는 'cry'와 소릴 내지 않고 우는 'weep' 사이에 해당한다. 이내 그녀는 평정심을 회복하여 안정된 목소리로(in a steady voice) 말한다. 위기의 순간에 두 남녀의 절제된 감정선을 잘 드러낸다.

아울러 완곡법(婉曲法, Euphemism)이 사용되었다. 동사 'died' 대신 'passed away'를 사용했다. 죽음(death)의 완곡적 표현은 영면(eternal sleep) 혹은 손실(loss)이다. 완곡법은 그리스어의 '좋게 말한다'라는 뜻에서 나왔다. 즉, 화자가 곤란을 덜 겪도록 어떤 내용을 부드럽게 빙 둘러 표현하는 방법이다. 그리고 "돌아가신 상태에(in his deceased condition)"란 표현에서 'dead' 대신 'deceased'를 사용했는데, 이는 최근에 돌아가신 분을 가리킬 때 사용하는 정중한 문어체 표현이다. 대화 속 행간의 숨은 의미를 감지할 필요가 있다.

직유

―이언 매큐언, 『어톤먼트』

앞에서도 살펴본 이언 매큐언의 대표작은 영화로 소개된 『어톤먼트(Atonement)』(2001)이다. 주인공 로비 터너는 성폭행자로 누명을 쓰고 런던의 완즈워스 감옥에서 3년 반 동안 수감 생활을 한 후 사병으로 제2차 세계대전에 참전한다. 『어톤먼트』(국내 번역본은 『속죄』)의 명장면 중 하나는 청춘남녀가 계급의 차이를 초월하여 탈리스가(家)의 서재에서 첫 키스를 나누는 애욕의 장면이다. 로비는 탈리스가 가정부의 아들이지만 세실리아 탈리스와 케임브리지 대학교 동기생이다. 세실리아는 계급의 차이를 초월하여 그의 두뇌와 육체에 매료된다.

> She returned his gaze, struck by the sense of her own transformation, and overwhelmed by the beauty which a lifetime's habit had taught her to ignore. She whispered his name with the deliberation of a child trying out the distinct sounds. When he replied with her name, it sounded like a new word — the syllables remained the same, the meaning was different. Finally he spoke the <u>three</u>

simple words [I love you] that no amount of bad art or bad faith can ever quite cheapen. She repeated them, with exactly the same slight emphasis on the second word [love], as though she had been the one to say them first. He had no religious belief, but it was impossible not to think of an invisible presence or witness in the room, and that these words spoken aloud were **like** signatures on an unseen contract.

— Ian McEwan, *Atonement*, Chapter 11.

그의 눈길을 피하지 않고 마주 보고 서 있는 세실리아도 자기 안에서 일어난 변화에 놀라고, 평생 습관처럼 무시해 온 그 얼굴이 이렇게도 아름답다는 사실에 압도되어 있었다. 그녀는 나지막한 소리로 어린아이가 발음 연습을 하듯 또박또박 로비라고 불렀다. 뒤이어 그가 그녀의 이름을 속삭였을 때, 그녀의 이름은 완전히 새롭게 느껴졌다. 철자는 달라진 게 없었지만, 그 의미가 완전히 새롭게 변해 버렸다. 마침내 그는 어떤 저속한 문학작품이나 인간의 위선으로도 깎아내릴 수 없는 세 단어[난 사랑해 너를]를 그녀에게 속삭였다. 그녀는 자신이 먼저 이 말을 하는 것처럼 둘째 단어[사랑해]에 강세를 넣어 같은 말을 그에게 속삭였다. 그는 종교가 없었지만 보이지 않는 어떤 존재가 증인으로 그들과 함께하고 있다고 생각했다. 두 사람이 서로에게 해 준 그 말은 보이지 않는 계약서에 남긴 서명 같았다.

— 이언 매큐언, 한정아 옮김, 『속죄』, 198쪽

아름다운 문장이다. 시각적 응시가 청각적 속삭임을 거쳐 촉각적인 키스로 이어진다. "세 단어[I love you]", 즉 사랑의 고백이 "보이지 않는 계약서에 남긴 서명"처럼 두 사람의 사랑을 완성한다. '같은, 처럼(like, as)'이란 비교어를 써서 두 가지 사물 사이의 유사점을 직접 드러내는 수사법인 직유법(直喩法, simile)을 사용했다.

『어톤먼트』와 관련된 일화 하나. 2015년 6월 프랑스 수학능력시험인 바칼로레아 영어 시험에서 『어톤먼트』 지문이 출제되었다. 한국처럼 오지선다형 문제가 아니라 서술형 문제였다. 지문을 제시한 후 2개의 문제를 냈다

1) 해당하는 상황에 대한 등장인물[로비 터너]의 세 가지 관심사(concerns)는 무엇인가?

2) [로비] 터너는 상황에 어떻게 대처하고(coping with) 있는가?

그런데 약 1만 2천 명의 응시생이 'concerns'와 'coping with'이란 영어 단어가 어렵다고, 문제를 취소하거나 답을 한 응시생에게 보너스 점수를 줘 구제하라는 집단 청원을 냈다. 한국 응시생들의 처지에서 보면 지시문의 어휘가 어려운 것보다는 서술형 문제가 출제된다는 사실이 놀라울 것이다. 한국의 영어 교육과 수능 영어 평가도 제시된 지문에 대한 정확한 문해력을 바탕으로 자기 생각을 표현하는 방식으로 전환하는 것이 바람직하다.

공감각

—마이클 온다체, 『잉글리시 페이션트』

마이클 온다체(Michael Ondaatje, 1943~)의 소설 『잉글리시 페이션트(The English Patient)』(1992)는 국내에도 영화로 널리 소개되었다. 제2차 세계대전 중 이집트와 리비아 사막을 배경으로 펼쳐지는 아름다운 비극적 사랑의 이야기다.

주인공 라디슬라우 드 알마시(Ladislau de Almásy)는 헝가리 출신의 백작으로 사막의 지리 정보를 탐사하는 고고학자이다. 영국인 여성 캐서린 클리프턴(Katherine Clifton)과 불륜 관계에 있는 그는 다친 캐서린을 살리기 위해 적군인 독일군

에게 사막의 지리 정보를 넘긴다. 그는 국적과 인습을 중요하게 여기지 않는다. 두 남녀는 이집트의 성스러운 이슬람교 사원을 배경으로 사랑을 나눈다. 이 장면을 살펴보자.

Sometimes when she is able to spend the night with him they are wakened by the three minarets of the city **beginning** their prayers before dawn. He walks with her through the indigo markets that lie between South Cairo and her home. The beautiful songs of faith enter the air <u>like arrows</u>, one minaret **answering** another, as if **passing on** a rumor of the two of them as they walk through the cold morning air, the smell of charcoal and hemp already **making** the air profound. <u>Sinners in a holy city.</u>

— Michael Ondaatje, *The English Patient*

가끔 그녀가 그와 함께 밤을 보낼 수 있을 때, 두 사람은 새벽녘에 세 개의 미나렛에서 시작되는 이 도시 사람들의 기도 소리에 잠에서 깼다. 그는 남카이로와 그녀의 집 사이에 뻗어 있는 쪽빛 시장을 그녀와 함께 걷는다. 아름다운 찬송가가 공기 중에 화살처럼 울리고, 하나의 미나렛은 마치 차가운 아침 공기를 걷는 두 사람의 소문을 주고받듯 다른

미나렛과 화답한다. 숯과 마(麻)의 냄새가 벌써 공기에 무게
와 깊이를 더한다. 성스러운 도시의 죄인들.
— 마이클 온다체, 박현주 옮김, 『잉글리시 페이션트』, 204쪽

두 남녀는 카이로에서 밀회를 나누는 "성스러운 도시의
죄인들"이다. 소설은 불온함을 허용하는 공간이다. 소설 속
화자가 반항아인 알마시를 이렇게 묘사한다. "그의 허기는
모든 사회적 규칙과 예의를 태워 버리고 싶다"(204쪽).

한편 캐서린의 남편인 제프리 클리프턴은 제2차 세계대
전 중 영국 정보국 직원으로 리비아 사막의 항공사진 촬영
임무를 맡고 있다. 영국 정보국은 이들[알마시와 캐서린]의 불
륜을 "이 오류, 조직의 질병"(308쪽)으로 간주하고 알마시를
'첩자'로 감시한다. 하지만 알마시는 의도적으로 국적과 소
유권(탐욕)과 민족주의를 혐오한다. 전쟁이 아군과 적군을 편
가르며 세계주의(cosmopolitanism)를 부정하기 때문이다. 그는
자신의 일탈을 정당한 행위로, 배신을 윤리적인 행위로 간주
하는 인상적인 인물이다.

위 인용문은 분사 구문(~ing)을 사용하여 문장을 연결했다
(beginning ~, answering ~, passing on ~, making). 큐피드의 화살처
럼, 미나렛(이슬람교 사원의 첨탑)의 "아름다운 찬송가가 공기
중에 화살처럼 울리고", "다른 미나렛과 화답한다". 마치 마

음에 공명을 일으키는 듯하다. 하루 다섯 번씩 예배 시간을 육성으로 알리는 아잔(Azān) 소리를 쿠피드의 화살에 비유한 멋진 문장이다. 청각과 후각을 자극하는 공감각적 문체를 사용했다.

03 설명문 속 효과 문체론

셰익스피어, 『줄리어스 시저』

이제 관심을 글(문자)에서 말(음성)로 이동해 보자.

"말하기는 일시적이고 깊은 울림에 의해 지고(至高)한 것이 된다"(푸코, 『말과 사물』, 396쪽).

말은 글에 비해 억양과 청자를 필요로 하며, 활력을 지녔다. 음독(낭송)은 묵독과는 달리 귀를 통해 뇌에 더 잘 저장된다. 이것이 일명 '메모리 부스팅 효과'다.

레토릭(rhetoric, 수사학 혹은 웅변술)은 말을 잘 쓰는 법 혹은 글을 아름답게 꾸미는 법을 의미한다. 문체론 역시 사람을 설득하는 기술을 의미하는 수사학에 속한다. 고대 그리스 시대 고르기아스(Gorgias, 기원전 483~전 375)는 레토릭을

"어떤 특정 상황에서 설득의 수단을 찾아낼 수 있는 능력, 혹은 기술"로 정의했다(박성희, 『레토릭』, 32쪽 재인용). 로마 시대에 키케로(Cicero, 전 106~전 43)는 『웅변술에 대하여』에서 레토릭의 다섯 가지 규범인 착상(inventio), 배열(dipositio), 표현(elocutio), 암기(memoria), 발표(actio 혹은 pronuntiatio)를 강조했다(같은 책, 46쪽).

중세 서양의 대학교 필수 교양과목은 삼학(trivium. 문법 grammar, 논리학logic/dialectic, 수사학rhetoric)과 사과(quadrivium. 산술·기하학·음악·천문학)였다. 삼학 중 마지막 단계에서 배우는 것이 수사학이었다. 당시에는 수사학을 '학문의 어머니'라 부르며 중시했다. 연설과 변론에 나설 기회가 있는 사람들은 비유와 강조 등의 수사적 기법을 활용했다. 웅변은 울렁증을 극복해야 하며, 정확한 단어와 간결한 문장 사용 및 발음의 정확성을 요구한다. 수사학은 과거나 현재나 지도자가 갖추어야 할 중요한 자질로 자리매김했다. 그런데 16세기 르네상스 휴머니즘 시대에 접어들면서 문학 교육을 강조했다.

먼저 브루터스(브루투스)와 앤터니(안토니우스)의 명연설을 살펴보자. 브루터스(전 85~전 42)는 전쟁 영웅 시저(카이사르, 전 100~ 전 44)가 총애하는 제자이자 피후견인이다. 기원전 44년 3월 15일 로마 제국의 한 축을 담당했던 시저는 원

로원 회의가 열리는 폼페이우스 극장 옆 회랑에서 브루터스를 포함한 14명의 암살자에게 23곳을 찔려 죽었다. 공화제 옹호론자인 브루터스는 시저가 황제가 되는 것을 반대했다. "브루터스 너마저?(Even you, Brutus?)" 배신을 당한 시저는 이 말을 남기고 허망하게 죽었다.

브루터스는 시저보다 15살 연하였고 시저를 살해한 후 2년을 더 살았다. 브루터스는 변명한다. "시저를 덜 사랑해서가 아니라, 로마를 더 사랑했기에(not that I loved Caesar less, but that I loved Rome more)." 완벽한 좌우 대칭을 이룬 균형감을 지닌 문장이다.

브루터스는 시저의 죽음을 슬퍼하면서도 자신의 암살을 사적 복수가 아닌 공적 정의의 실행으로 변모시킨다. 그의 연설 일부를 살펴보자.

> BRUTUS   Had you rather Caesar were living and die
> all slaves, than that Caesar were dead, to live all
> free men? **As** Caesar loved me, **I** weep for him. As
> he was fortunate, I rejoice at it. As he was valiant, I
> honor him. But, as he was ambitious, I slew him.
> **There is** tears **for** his love, joy **for** his fortune, honor
> **for** his valor, and death **for** his ambition.

브루터스　여러분은 시저가 살아서, 그의 노예로 남아 죽

기를 원합니까?

아니면 시저가 죽어서, 자유인으로 살길 원합니까?

시저를 사랑했던 저는 목 놓아 웁니다.

그가 행운아였기에 저는 기쁩니다.

그가 용감했기에 저는 그를 존경합니다.

하지만 그가 야심적이라서 저는 그를 살해했습니다.

그의 사랑 때문에 눈물이,

그의 행운 때문에 기쁨이,

그의 용기 때문에 명예가,

그리고 그의 야심 때문에 그가 죽게 된 겁니다.

— 셰익스피어, 『줄리어스 시저』, 3막 2장

　브루터스는 수사학적 질문을 던져 청자의 관심을 끈다.
'As ~, I ~' 구문과 'There is ~, for ~' 구문을 반복하고, 간
결한 문체를 사용하여 설득력을 높였다. "시저가 날 사랑했
기에, 나는 그의 죽음을 슬퍼한다(As Caesar loved me, I weep for
him)" 구문을 반복한다. 이어서 'There is ~, for ~' 구문을 반
복하여 앞의 내용을 정리한다. "그의 사랑 때문에 눈물이

(There is tears for his love)", "그의 야심 때문에 죽음이(death for his ambition)". 전반적으로 비슷한 통사 구조를 반복하여, 의미를 강조하고 메시지를 알기 쉽게 전달한다.

이어 시저의 장례식장에 참석한 앤터니가 브루터스에게 반론을 펼친다. 앤터니는 시저의 유언장을 공개하고 민심을 선동하며, 암살자들이 실권을 장악하는 것을 봉쇄한다. 기회를 엿보다 앤터니가 시저를 옹호하며 브루터스를 비판하는 웅변을 들어 보자.

> ANTONY   He hath brought many captives home to
> Rome
> Whose ransoms did the general coffers fill.
> Did this in Caesar seem ambitious?
> When that the poor have cried, Caesar hath wept.
> Ambition should be made of sterner stuff.
> Yet Brutus says he was ambitious.
> — William Shakespeare, *Julius Caesar*, Act 3, Scene 2.

> 앤터니   그분은 수많은 노예를 로마로 데려왔고
> 몸값으로 나라의 금고를 채웠습니다.
> 이걸 가지고 시저가 야심적이었다고 말할 수 있나요?

가난한 사람들이 울 때 시저도 함께 울었습니다.

야심이란 것은 더 강퍅한 마음으로 만들어져야 합니다.

그런데도 브루터스는 그가 야심적이었다고 말합니다.

— 셰익스피어, 『줄리어스 시저』 3막 2장

앤터니는 로마 시민을 설득의 대상으로 삼는다는 점에서 영특하고 민첩하다. "타이밍이 전부다(Timing is everything)"라는 말처럼, 연설할 때는 상황과 맥락을 잘 파악해야 한다. 메시지를 '전달하는 자'는 '전달받는 자'의 반응을 의식할 수밖에 없다. 인정받고 싶은 욕구 때문이다. 이처럼 브루터스와 앤터니가 시저의 암살을 놓고 각자 수사적 현란함의 힘을 발휘한다. 상대를 악마화하지 않고 유일선을 자처하지도 않으면서 자신의 논리를 펼친다는 점이 인상적이다.

인간은 육체를 지니고, 노동하며, 말하는 삶을 영위한다. 미셸 푸코는 생명, 부(富), 언어를 인간의 삶의 기본을 구성하는 삼각형으로 파악했다. 말(언어)하는 삶이란 사물을 재현하고 사유를 표현하는 수단이다. 인공 지능(AI) 시대에 언어 교육이 중요한 이유다.

04 설득의 힘

현대 영미 정치인들, 그리고 툰베리

윈스턴 처칠

스타카토(斷音, staccato) 스피치는 음절 길이를 짧게 끊어 발성하는 방식이다. 영국 처칠(1874~1965) 총리의 스피치가 대표적이다. 그는 쉬운 단어를 사용하여 간결한 문장을 만든 다음, 강약을 조절하고 박자를 맞추듯 자신의 메시지를 효과적으로 전달했다. 특히 제2차 세계대전 시기에 라디오 매체를 적극적으로 활용했다.

말하기와 글쓰기의 기본 원칙은 '3Cs'다—명료하고(Clear), 간결하며(Concise), 구체적(Concrete)이어야 한다. 처칠의 스피치는 그의 직선적인 성격을 반영하듯 박력이 있고 메시지가 명료하다. "다변(多辯)은 사고를 합리적으로 압축하지 않는 나태한 정신을 그대로 보여 주는 것이다", "저는 피와 노력과 눈물과 땀 말고는 제공할 게 달리 없습니다(I have nothing to offer but blood, toil, tears and sweats)". 이런 쉬운 단어들을 동원한, 1940년 5월 13일 하원에서 행한 스피치를 좀 더 들여다보자.

We have before us an ordeal of the most grievous kind. We have before us many, many long months of struggle and of suffering. **You ask, what is our policy? I can say**: It is to wage war, by sea, land and air, **with all our might and with all the strength** that God can give us; to wage war against a monstrous tyranny, never surpassed in the dark, lamentable catalogue of human crime. That is our policy.

우리 앞에는 가장 고통스러운 시련이 있습니다. 우리 앞에는 투쟁과 고통의 아주 긴 몇 달이 있습니다. 여러분은 묻겠죠. 우리 방침이 무어냐고? 저는 이것을 말씀드릴 수 있습니다. 신이 우리에게 준 모든 힘을 다하여 전쟁하는 겁니다. 바다, 육지, 영공에서 말이죠. 사악하고 통탄할 인간 범

죄의 유형에서 절대 뒤지지 않는 무서운 폭정에 맞서 전쟁을 하는 겁니다.

처칠은 질문을 던지고 대답하는 방식을 취한다. "여러분은 묻겠죠. 우리 방침이 무어냐고?(You ask, what is our policy?) 저는 이것을 말씀드릴 수 있죠(I can say)." 그리고 두 가지를 말한다. 첫째, "전쟁을 하는 거죠. 바다, 육지, 영공에서(to wage war, by sea, land and air)". 둘째, "무서운 폭정에 맞서 전쟁을 하는 것이죠(to wage war against a monstrous tyranny)". '(It is) to wage war ~' 구문을 두 번 반복했다. '모든 힘을 다하여'를 강조하고자 반복 구문을 사용했다(with all our might and with all the strength). 문장이 균형이 맞지 않으면 헝클어진다. 그는 다음 단락에서도 스타카토 스피치를 이어 간다.

> **You ask, what is our aim? I can answer in one word: It is victory, victory at all costs**, **victory** in spite of all terror, **victory**, however long and hard the road may be; for without **victory**, there is no survival. [...] At this time I feel entitled to claim the aid of all, and **I say, "come then, let us go forward together with our united strength."**
>
> — May 13, 1940 to House of Commons

여러분은 묻겠죠. 우리의 목표가 무엇이냐고? 저는 한 단어로 말씀드릴 수 있죠 승리입니다. 어떤 희생을 치르더라도 승리, 어떤 두려움에도 불구하고 승리입니다. 그 길이 멀고 힘든 길이라 할지라도 말입니다. 승리하지 못하면 살아남을 수 없기 때문이죠. […] 이 순간 저는 여러분의 도움을 요구할 충분한 자격이 있다고 생각하기에 말씀을 드립니다. "자, 일치단결하여 다 함께 갑시다."

"여러분은 묻겠죠. 우리의 목표가 무엇이냐고?(You ask, what is our aim?)"라는 질문은 효과적이다. "한 단어로 말씀드릴 수 있죠(I can answer in one word)"라는 답변은 명료하다. "어떤 희생을 치르더라도 승리, 승리입니다(It is victory, victory at all costs)"라는 응답은 간결하다. 한 문장 속에서 '승리(victory)'라는 키워드를 네 번 반복하여 강조한다. 이어 그는 '승리'가 필요한 이유를 말한다. "승리하지 못하면 살아남을 수 없기 때문이죠(for without victory, there is no survival)." 마지막으로 국민을 독려하는 것으로 연설을 맺는다. "자, 일치단결하여 다 함께 갑시다(come then, let us go forward together with our united strength)." 앞 단락과 비교해 보면, 'policy → aim', 'say → answer', 'with all the strength → with our united strength'로 단어들을 살짝씩 바꾸었다. 소리, 음절, 낱말에 신경을 쓴 문장들이다. 푸코의 말대로, 언어가 획득한 파동의 특성이 "언어를 가시적인 기호로부터 분리하고 언어를 음표에 접근시킨다"(『말과 사물』, 396쪽).

처칠은 국민의 눈높이에 맞게 단순명료한 문장을 사용했다. 그래서 발음과 청취 사이에 혼란의 여지가 없다. 스웨덴 한림원이 처칠에게 노벨 문학상을 수여한 것은 매우 의아한 정치적 결정이라지만, 적어도 절망의 시기에 처칠의 연설 능력과 파급력을 인정했기 때문이다.

마거릿 대처

마거릿 대처(Margaret Thatcher, 1925~2013)는 영국 최초의 여성 총리로, 강한 카리스마를 지닌 확신에 찬 정치인이었다. '철의 여인', '신자유주의 전도사'라는 별명의 그녀는 거침이 없었다. 하원에서 매주 수요일 의회에서 생방송되는 30분짜리 '총리 질의응답(Prime Minister's Question, PMQ)' 때는 남성에 가깝게 목소리를 꾸며 내는 가성(假聲)으로 야당 당수의 기를 제압했다. 반대자들에겐 핸드백이라도 휘두를 기세였다.

복지 정책에 의존하는 '영국병'을 퇴치한다며 노조를 억압하고, 이민자 유입을 억제하고, 유럽 통합에 반대하고, 지역주민세(일명 인두세) 도입을 실행하는 과정에서 그녀는 늘 단호했다. 그래서 그녀의 전매특허는 "안 돼, 안 되고말고, 절대로 안 돼(No, No, No)"였다. 또 다른 어록은 "다른 방법이 없다(There is no alternative. 줄여서 TINA)"였다.

하지만 대처의 오만과 독선은 국민의 저항을 불렀고 그녀의 몰락을 재촉했다. 비판자들은 그녀를 '마귀할멈'이라고까지 불렀다. 그녀의 동상을 공공장소에 세우자는 사회적 공감대는 타계 후 9년이 지난 2022년 현재까지 형성되지 않고 있다. 2022년 5월 고향인 링컨주 그랜섬에 청동상이 세워졌으나 계란과 붉은색 페인트 세례를 받고 있다.

1971년 5월 4일 다우닝가 10번지 공관 앞에서 행한 대처 총리의 취임사를 살펴보자. 기자들의 질문에 답하는 방식이다.

Question   [...] Well, it's been a wonderful campaign. Con-gratulations!

Mrs. Thatcher   Thank you very much.

Question   How do you feel at this moment?

Mrs. Thatcher   Very excited, **very aware of the responsibilities**. Her Majesty the Queen has asked me to form a new administration and I have accepted. It is, of course, the greatest honour that can come to any citizen in a democracy. [Cheering] **I know full well the responsibilities that await me** as I enter the door of No. 10 and I'll strive unceasingly to try to fulfil the trust and confidence <u>that</u> the British people have placed in me and the things <u>in which</u> I believe. And I would just like to remember some words of St. Francis of Assisi <u>which</u> I think are really just particularly apt at the moment. **"Where there is** discord, **may we bring** harmony. **Where there is** error, **may we bring** truth. **Where there is** doubt, **may we bring** faith. And **where there is** despair, **may we bring** hope." [...] and to all the British people — howsoever they voted — may I say this. Now that the Election is over, may we get together and **strive to serve and strengthen** the country <u>of which</u> we're so proud to be a part. [Interruption "Prime Minister...."] **And finally, one last thing:** in the words of Airey Neave <u>whom</u> we had hoped to bring here with us, **"There is now work to be done."**

질문 […] 멋진 선거운동이었습니다. 축하드립니다!

대처 대단히 감사합니다.

질문 지금 기분이 어떠신지요?

대처 몹시 흥분됩니다. 수상으로서 책무를 잘 인식하고 있습니다. 여왕께서 새 정부를 구성하라고 하셔서 그 제안을 받아들였습니다. 물론 민주국가에서 어느 시민에게든 올 수 있는 대단한 영광입니다. [환희] 총리 관저를 들어갈 때 저를 기다리고 있는 책무를 매우 잘 알고 있습니다. 그리고 영국민이 저에게 보내 준 신뢰와 제가 믿는 것들을 이행하기 위해 부단히 노력하겠습니다. 그리고 이 순간에 정말로 딱 적절하다고 생각하는 아시시의 성 프란치스코의 말씀을 꼭 기억하고 싶습니다. "분열이 있는 곳에 일치를, 오류가 있는 곳에 진리를, 의혹이 있는 곳에 믿음을, 절망이 있는 곳에 희망을 심게 하소서." […] 그리고 누구에게 투표했든지 간에 모든 영국민에게 이 말씀을 드리고 싶습니다. 선거가 끝났으니, 우리가 한 구성원임을 자랑스럽게 여기는 국가를 위해 다 함께 봉사하고 강하게 만듭니다. [기자: "총리, 그런데 …"] 마지막으로 한 가지만 말씀드리죠. 우리와 함께 이곳에 있었더라면 좋았을 (고故) 에어리 니브의 말대로, "이제는 할 일이 있습니다."

위 인터뷰에 드러난 몇 가지 특징을 살펴보자.

대처는 수상으로서 책무를 잘 인식하고 있다(I know full well the responsibilities that await me). 그녀는 국민의 신뢰에 보답하고, 국민을 통합하며, 시간을 허비하지 않고 일하겠다고 다짐한다. 이 짧은 인터뷰 속에 그녀는 두 사람의 말을 인용한다. 하나는 가톨릭의 프란치스코회 창립자인 아시시의 성 프란치스코(St. Francis of Assisi, 1182~1226)의 「평화의 기도」의 일부다. "분열이 있는 곳에 일치를, 오류가 있는 곳에 진리를, 의혹이 있는 곳에 믿음을, 절망이 있는 곳에 희망을 심게 하소서." 간결 대칭 구조(where there is~, may we~)를 반복하여 말의 통일성을 주고 전달력을 높였다. 싸움터 선거판에 일순간 종교적 경건함이 깃든다.

또 다른 인용은 영국군 장교이자 하원의원이었던 에어리 니브(Airey Neave, 1916~1979)의 말이다. "이제는 할 일이 있습니다(There is now work to be done)." 대처는 이 말을 인용하여, 압제와 테러의 위협에도 불구하고 소임을 다하겠다는 애국심과 결기를 드러낸다. 에어리 니브는 2차대전 때 독일의 나치 수용소를 탈출한 최초의 영국군 장교로, 1979년 북아일랜드 해방군(IRA)의 차량 폭탄 테러로 하원에서 암살당했다. 그의 이 말을 인용한 것은 비장한 느낌을 자아낸다.

문장을 살펴보면 두운 's-' 사운드를 반복하여 소리의 아름다움을 살린 곳이 눈에 띈다(strive to serve and strengthen the country). 중간에 기자가 "총리, 그런데…" 하며 끼어들어도 아랑곳하지 않고 "마지막으로 한 가지만(And finally, one last thing)" 하며 끝까지 밀고 나간다. 그녀 특유의 카리스마가 작렬하는 지점이다.

어조와 표현의 관점에서, 인터뷰의 시작은 여성적("very excited")이었지만 끝은 남성적이다("There is now work to be done"). 물론 중요한 것은 젠더가 아니라 주체(성)이다. 다만, 처칠의 연설에 비하면 대처의 연설은 전반적으로 관계대명사(which, whom 등)를 많이 사용한 긴 문장들로 구성돼서 국민의 눈높이를 덜 고려한 인상이다.

엘리자베스 2세 여왕

엘리자베스 2세(Queen Elizabeth II, 1926~2022)는 1952년 2월 6일 아버지 조지 6세의 급작스러운 서거로 27세에 졸지에 왕위에 올라 2022년 9월 8일 96세, 즉위 70년째(platinum jubilee)를 지나 서거했다. 그녀는 왕관의 무게(2.5kg)만큼이나 무거운 책무를 지닌 채 살다 갔다. 여왕의 역할을 맡겠다고 자신의 결의를 밝히는 연설문을 살펴보자(참고로 대관식

Coronation은 다음 해인 1953년 6월 2일에 웨스트민스터 사원에서 거행되었다).

By the sudden death of my dear father I am called to assume the duties and responsibility of sovereignty. My heart is too full for me to say more to you today than **I shall** always work, as my father did throughout his reign, **to uphold** constitutional government **and to advance** the happiness and prosperity of my peoples, spread as they are the world over. [...] I pray that God will help me to **discharge** worthily this heavy task **that** has been laid upon me so early in my life.

— The Declaration of Accession to the Throne, Feb. 1952

부왕의 급작스러운 서거로 인해 군주로서 의무와 책임을 맡는 부름을 받았습니다. 가슴이 너무 벅차올라 오늘은 이 말씀을 드리고 싶습니다. 재임 중 부왕께서 그러하셨듯, 저도 입헌 정부를 받들고, 전 세계에 흩어진 [영연방] 국민들의 행복과 번영을 증진하고자 항상 꼭 일하겠습니다. [...] 제 인생에 이렇게 일찍 저에게 놓인 막중한 책무를 가치 있게 수행할 수 있도록 하느님께서 도와주시길 기도합니다.

공식적인 스피치로 예의를 갖춘 문장을 사용했다. "I am [feel] called to ~"는 "~하는 것을 천명(天命)이라고 생각한다"라는 뜻이다. 'I shall ~'이란 표현은 '꼭 ~하겠다'라는 의지를 드러낸다. 그런 다음 'to uphold ~'와 'to advance ~' 문장을 사용하여 자신의 책무를 밝힌다. 공적 책무를 수행하겠다는 의미의 'discharge'란 단어를 사용했다. 딱딱하고 엄숙한 연설이다.

버락 오바마

버락 오바마(Barack Obama, 1961~)는 〈하버드 리뷰〉의 편집장 출신으로 청중의 마음을 사로잡는 재능을 지닌 대통령이었다. 2008년 대통령 선거 출마 연설에서 "Yes We Can(맞아요, 우린 할 수 있어요)"이라는 구호를 사용하여 유권자들에게 자신감과 희망을 전달했다. 조동사 can을 사용하여 무한한 가능성을 투사한다.

다음은 2012년 한국을 방문했을 당시 한국외대에서 한 연설의 한 문장이다.

"No matter the *test*, no matter the *trial*, we *stand*

together, we *work* together, we *go* together."

위 문장은 "어떤 시련이 있을지라도 우리 다 함께 갑시다"라는 메시지를 전달한다. 간결체 기본 문장 패턴을 반복하고 변주하여 음악적 효과를 낳는 문장이다. "어떤 시련이 있을지라도"를 두 번 반복하면서, 'test'를 동의어 'trial'로 살짝 바꾸는 동시에 두운 't-'를 살렸다. 이어 "우리 다 함께 갑시다"를 세 번 반복하면서 'stand'를 'work'와 'go'로 변주했다. 귀에 잘 감기는 연설문이다.

다음은 오바마가 대통령 후보자 시절 행한 연설문 일부다.

"And because that <u>somebody</u> stood up, <u>a few more</u> stood up. And then <u>a few thousand</u> stood up. And then <u>a few million</u> stood up. And standing up, with courage and clear purpose, they somehow managed to change the world."

— Barack Obama's Speech at the Jefferson Jackson
Dinner, 10 November 2007

지지자들이 점점 늘어나기 시작하여 자신이 세상을 바꿀 수 있었다는 내용이다. 같은 문장 패턴을 반복하면서 숫자를 증가시키는 점증법(漸層法, gradation)을 사용했다. 그리고

'stood up ~(~에 저항하다)'를 반복하여 리듬을 지닌 문장을 만들었다. 문장을 발음할 때 들숨과 날숨을 잘 이용해서 한 덩어리(cluster)씩 발음해 일명 '파도타기'의 역동적인 움직임을 보여 주는 것은 스피치의 기본이다.

점층법이 사용된 또 다른 예를 살펴보자. 다음은 한 커피 예찬론자의 광고 문구다.

At first coffee kept me *alert*.

Then it kept me *awake*.

Now it keeps me *alive*.

처음에 커피는 나를 정신 차리게 했다.

그러더니 나를 각성시켰다.

이제는 나를 활발하게 만든다.

위 문구는 커피가 냉철하고 최적화된 사유를 가능하게 하는 각성제라는 점을 광고한다. 각 행의 끝 단어를 'a-'로 시작하여 두운을 살렸고, 점층법을 사용하여 뒤로 갈수록 커피의 각성 효과를 높였다. 영어의 멋과 맛을 확인할 수 있다.

조 바이든

2021년 1월 19일 대통령 취임식 전날 조 바이든(Joe Biden, 1942~) 미국 대통령은 고향 델라웨어를 떠나면서 소설가 제임스 조이스의 글을 인용했다.

"내가 죽을 때, 델라웨어를 가슴에 새기겠다(When I die, Delaware will be written on my heart)."

이 문장은 조이스가 친구에게 한 말("Dublin will be written on my heart")에서 지명만 더블린에서 델라웨어로 살짝 바꾼 것이다. 아일랜드계 가톨릭 신자인 바이든 대통령은 아일랜드 대문호 조이스의 말을 소환하여 고향에 대한 특별한 애정을 드러냈다. 바이든의 문학적이며 인간적인 면모가 여실히 드러난다.

2020년 11월 제46대 미국 대통령으로 선출된 바이든은 그해 10월 29일 트위터에 아일랜드 시인 셰이머스 히니(1995년 노벨 문학상 수상 작가)의 시를 인용했다.

History says, don't hope
On this side of the grave.
But then, once in a lifetime
The longed-for tidal wave

Of justice can rise up,

And _hope and history rhyme.

— Seamus Heaney, "The Cure at Troy: A Version of

　　Sophocles' _Philoctetes_" (1991)

역사는 말한다. 이승에서는 희망을 접으라고.

하지만 그래도 평생에 한 번은

오래 염원해 온 정의(正義)의

파도가 일어나

희망이 역사와 어우러질 수 있다.

— 셰이머스 히니, 「트로이의 치료법: 소포클레스의 『필

　　록테테스』 버전」, 1991

　바이든은 문학적 인유법(引喩法, allusion)을 자유 사용한다. 인유법은 유명한 시구나 문장 등을 끌어다가 자신을 표현하거나 보충하는 수사법이다. 대중들이 유명한 시구나 문장의 맥락을 모를 경우 인유법은 소통에 걸림돌이 될 수 있으나, 그렇지 않으면 말하는 사람이 전달하고자 하는 의미를 풍성하게 해 준다.

　바이든이 "정의(正義)의 파도가 일어나"길 열망하는 이유는, 전임 트럼프 대통령이 초래한 미국의 비정상을 정상화하

길 원하기 때문이다. 그의 스피치는 미국 국민의 마음에 공명을 일으켰다. 미적인 문장이 윤리적 변화를 촉발할 수 있다는 점을 보여 준다.

지도자는 언어의 품격과 교양과 인간성을 갖춰 국민의 신뢰를 얻어야 한다. 퇴임한 독일의 메르켈 총리도 품격을 갖춘 정치인에 속한다. 정치적 팬덤(열성 팬)이나 포퓰리즘(대중 영합주의) 및 선정주의에 의존하는 정치인들한테서는 도무지 언어의 품격을 찾아보기 힘들다. 이들에게 무겁게 책임을 물어야 한다.

그레타 툰베리

지구 온난화의 파수꾼, 그레타 툰베리(Greta Thunberg, 2003~)는 스웨덴 출신의 기후 활동가다. 그녀는 국제어인 영어로 소통하는데, 간결하고 정확한 영어를 구사한다. 현재 열아홉 살인 그녀는 아직 소녀이던 열다섯 살 때부터 지구촌이 당면 현안인 지구 온난화 위기와 탄소 배출량 감소의 필요성을 널리 알리는 확성기 역할을 해 왔다. 시의적인 의제 설정과 영어 소통 능력이 그녀를 일약 세계적인 스타로 만들었다. 그녀를 보면서 한국의 공교육에서 영어 교육의 목표가 제대로 설정된 것인지 자문하게 된다.

다음은 툰베리 스피치의 일부이다.

So when school started in August of this year, I decided that this was enough. I set myself down on the ground outside the Swedish parliament. I school-striked for the climate. <u>Some people say</u> that I should be in school instead. <u>Some people say</u> that I should study to become a climate scientist so that I can "solve the climate crisis." <u>But</u> the climate crisis has already been solved. We already have all the facts and solutions. <u>All we have to do</u> is to wake up and change.

— "The disarming case to act right now on climate change," November 2018

그래서 이번 8월에 개학했을 때, 저는 이만하면 학교는 충분히 다녔으니 스웨덴 의회 바깥 마당에 서 있기로 마음먹었습니다. 기후 위기 문제를 제기하려고 등교를 거부한 거죠. 어떤 사람들은 저더러 그러지 말고 학교에 있어야 한다고 말합니다. 기후과학자가 되려면 공부를 해야 한다고 말하는 사람도 있어요. 그렇게 해야지 "기후 위기를 해결"할 수 있다고요. 하지만 기후 위기의 원인은 이미 풀렸습니다.
우리는 이미 관련된 모든 사실과 해결책을 갖고 있습니다.
해야 할 것은 정신 차리고 바꾸는 것뿐입니다.
—「기후 변화에 맞서 지금 행동하도록 마음을 움직이는 사
례」, 2018년 11월

툰베리는 2020년 7월 3일 유엔 기후행동 정상회의(UN
Climate Action Summit)에 참석해 탄소량 배출 감소에 미온적
인 트럼프 대통령에게 당돌하게 대들었다. "어찌 감히?(How
dare you?)" 그녀는 탄소 감축을 위해서 정치인들에게 "어쩌
고저쩌고 어쩌고저쩌고(blah blah blah blah)" 떠드는 말이 아닌
즉각적인 행동을 요구한다. 아래 그녀의 말을 또 보자.

And yes, we do need hope, of course we do. **But the one
thing we need more than hope is action**. Once we start
to act, hope is everywhere.

물론 우리에겐 희망이 필요해요. 당연하죠. 하지만 희망
보다 필요한 건 행동입니다. 일단 행동하기 시작하면, 희망
은 어디에나 있습니다.

툰베리는 간결한 문장으로 직설 화법을 구사한다. 또한 낙관적 전망이 아닌 구체적 행동을 요구한다. 탄소 배출량을 즉각 줄여야 한다고 주장한다.

지구촌의 많은 사람이 그녀의 문제의식과 해결 방안에 전적으로 공감한다. 그리고 그녀가 구사하는 영어를 한국의 중고등학생들도 얼마든지 할 수 있다. 그런데 현실은 그렇지 못하다. 무엇이 걸림돌일까? 시험 이외에 영어를 활용할 수 있는 데를 찾아야 한다.

지구촌은 어느 때보다도 자연재해에 시달린다. 호주 산불, 극 지방의 빙하 소실, 아프리카 바오밥나무 고사, 메뚜기 떼의 번식, 북미 한파, 이상 기온, 한파, 가뭄과 홍수, 불볕더위, 강력한 태풍 발생은 모두 지구 생태계의 교란, 즉 지구 온난화에서 발생한다. 툰베리가 부럽고 대견하다.

2021년 10월 31일부터 12월 12일까지 영국 글래스고에서 열린 제26차 기후당사국회의(COP 26)에도 전 세계의 젊은 세대들이 참석해 지구 온난화 위기와 탄소 감축 방안을 요구하는 열정적인 스피치를 했다. 영어는 이럴 때 사용하라고 배우는 거다.

길 잃은 영어 교육의 새 좌표

영어는 논리적이며 심미적인 언어다. 영어는 또한 경제, 외교, 소통, 학술, 정보통신 등 모든 분야에서 통용되는 힘을 지닌 언어다. 그래서 영어의 문해력과 표현력을 기르는 것은 필요하고 중요하다.

그리고 품격 있는 영어를 배워야 한다. 영어를 숭배하는 것이 아니다. 한국인으로서 문화적, 언어적 정체성을 지니는 동시에 영어를 구사할 줄 알면 국제화 시대에 편리하고 유리하다.

우리나라의 영어 교육을 내실화해야 한다. 사교육비 줄이기, 계급적 특권 타파, 패권국의 언어 숭배라는 이유만으로 영어를 경시할 수는 없다. 수출입 의존도가 높고 천연자원이 부족한 우리나라는 공교육을 통해 영어 교육을 강화해야 한다. 하지만 현실은 비관적이다. 수능 영어 절대평가로 영어의 인기가 하락해 2023학년도부터 외국어고에서조차 신입생을 모집하지 않고 영어과를 폐지하는 진풍경이 벌어지고 있다(「서울 외고 6곳 중 3곳, 영어과 신입생 안 뽑는다」, 동아일보 2022. 6. 9). 고급 인적 자원을 확보하고 국가 경쟁력을 강화하는 방안 중 하나는 영어 교육의 내실화다.

그런데 한 가지 구조적인 장애물이 있다. 그것은 다름 아닌, 2018학년도 대학수학능력시험부터 도입된 영어 절대평가 제도다. 교육부는 이 제도의 도입 취지로 학생들 간 경쟁 해소, 언어의 네 가지 기능 습득, 사교육비 억제 등을 내세웠다. 이 제도는 2022년으로 시행 6년차를 맞는다. 과거 국가교육회의가 공론화를 통해 동일 기초과목 중 영어만 절대평가를 실시한다는 결정을 내렸다. 2015년부터 수능 영어를 대체할 목적으로 예산 390억 원을 투입하여 준비해 온 국가영어능력평가시험(National English Ability Test, NEAT)을 돌연 폐기하고 느닷없이 수능 영어 절대평가가 도입되었다. 이는 공교육에서 영어가 홀대당하는 결과로 이어졌다. 대학 입시에서 영어 과목의 변별력이 약해졌기 때문이다. 그런데도 실패한 영어 교육 정책에 책임지는 사람이 없다. 영어 교육 정책은 여전히 표류하고 있다. 그래서 묻게 된다. 이제 어디로?(Where to?)

이제 영어 절대평가 제도 도입 당시의 기대 효과와 부작용을 면밀하게 검토해 새로운 개선책을 마련해야 할 시점이다. 영어 절대평가 제도가 성공했다면, 국어와 수학에도 절대평가를 적용하는 것이 논리적으로 맞다. 영어 절대평가 제도가 실패했다면, 상대평가로 되돌아가는 것이 맞다. 현재는 여러모로 무늬만 절대평가인 기형적인 모습이다. 평가 준거에 따른 문항 개발도 제대로 이루어지지 않고 있다. 이용원 교수의 지적대로, 영어 시험의 난이도가 낮아져 등급 인플레이션을 유발하는 하향 평준화 정책을 반기는 착시 현상이 벌어지고 있다(「수능 영어 절대평가의 착시현상」, 에듀프레스 2022. 6. 26).

일선 학교에서 영어를 경시하는 풍조와 영어 수업이 줄어드는 문제를 근본적으로 해결하려면 대입 체제의 기울어진 운동장을 바로잡아야 한다. 이것은 공정의 문제와도 직결된다. 아울러 공교육을 강화하고 인공 지능을 활용하는 등 영어 교육 인프라를 구축하여 '영어 격차(English divide)'를 해소하는 것이 계급 간 양극화를 극복할 수 있는 길이다.

따라서 더 늦기 전에 국가가 나서서 영어 교육의 청사진을 제시해야 한다. 영어 교육은 유치원부터 대학을 넘어 평생학습까지 연계될 수 있도록 국가가 거시적 안목에서 영어 정책을 일관성 있게, 정교하게 설계해야 한다. 고등학생은 EBS 교재로, 대학생은 토익 교재로 영어 공부에 매달리는 한, 정작 필요한 영어 말하기와 글쓰기는 뒷전으로 밀려난다. 영어 문해력과 표현력은 함께 가야 한다. 영어 교과서에 재미있는 이야기(내러티브, 스토리, 문학)를 수록하여 교육과정을 혁신해야 한다. 그래야 인공 지능 시대에 영어 교육을 통해 학생들에게 심미적, 공감적 능력을 길러 줄 수 있다. 인공 지능이 영어 번역과 통역 능력 향상에 도움을 주는 것은 맞다. 하지만 "영어 교육은 영어 문화권 전반에 대한 이해를 길러주는 것이다"(한수미, 「영어 교육과 AI 기술 활용: 그 현재와 미래」, 『AI시대의 영어 교육』, 한국영어관련학술단체협의회 국회 심포지엄 자료집, 2022. 9. 6, 10쪽).

아울러, 21세기 세계시민으로서 지구촌의 관심사와 문제를 공유하고 해법을 제시하려면 영어 교육을 강화해야 한다. 우리와는 달리 유럽연합(EU)은 미래에는 협상과 토론 및 문제 해결에 영어가 중요한 국제어임을 인식하고 이에 대비해 오고 있다. 우물 안에만 사는 개구리가 될 수는 없다. 단순한 의사소통을 넘어 논리와 문체와 수사를 지닌 고급 영어를 구사할 줄 알아야 한다.

참고문헌

문학작품

가즈오 이시구로, 송은경 옮김, 『남아 있는 나날』(민음사, 2009).

김석산 옮김, 『베오울프 외』(탐구당, 1978).

마이클 온다체, 박현주 옮김, 『잉글리시 페이션트』(그책, 2010).

버지니아 울프, 박희진 옮김, 『등대로』(솔, 2019).

버지니아 울프, 오진숙 옮김, 『자기만의 방』(솔, 2019).

샬럿 브론테, 조애리 옮김, 『제인 에어』(을유문화사, 2013).

셰익스피어, 피천득 옮김, 『셰익스피어 소네트』(샘터, 2002).

어니스트 헤밍웨이, 유정화 옮김, 『무기여 잘 있거라』(부북스, 2013).

이언 매큐언, 민승남 옮김, 『바퀴벌레』(문학동네, 2021).

이언 매큐언, 한정아 옮김, 『속죄』(문학동네, 2003).

제임스 조이스, 김종건 옮김, 『율리시즈』(생각의 나무, 2007).

조너선 스위프트, 신현철 옮김, 『걸리버 여행기』(문학수첩, 2011).

찰스 디킨스, 장남수 옮김, 『어려운 시절』(창작과비평사, 2009).

치누아 아체베, 조규형 옮김, 『모든 것이 산산이 부서지다』(민음사, 2008).

토머스 모어, 주경철 옮김, 『유토피아』(을유문화사, 2012).

단행본

강원국, 『대통령의 글쓰기』(메디치, 2014).

멜빈 브래그, 김명숙·문안나 옮김, 『영어의 힘』(사이, 2019).

문용, 『한국의 영어교육: 지난 100년의 회고와 전망』(시사영어사, 1982).

미셸 푸코, 이규현 옮김, 『말과 사물』(민음사, 2012).

박성희, 『레토릭』(커뮤니케이션북스, 2016).

박영배, 『영어사』(한국문화사, 2004).

박영원, 『영시 마스터 플랜』(신아사, 2022).

박종성, 「한국에서 영어의 수용과 전개」, 윤지관 엮음, 『영어, 내 마음의 식민
　　주의』(당대, 2007).

안정효, 『글쓰기 만보』(모멘토, 2006).

이기주, 『말의 품격』(황소미디어그룹, 2018).

이상섭, 『문학비평용어사전』(민음사, 1978).

이종오, 『문체론』(살림, 2009).

테리 이글턴, 김명환 · 정남영 · 장남수 옮김, 『문학이론입문』(창비, 1999).

한국영어관련학술단체협의회, 『AI시대의 영어 교육』(국회 심포지엄 자료집,

　　2022. 9. 6).

C. 카터 콜웰, 이제호·이명섭 옮김, 『문학개론』(을유문화사, 2001).

프랑스엔 〈크세주〉, 일본엔 〈이와나미 문고〉, 한국에는 〈살림지식총서〉가 있습니다.

📖 전자책 | 🔍 큰글자 | 🔊 오디오북

좋은 영어, 문체와 수사

펴낸날	초판 1쇄 2023년 1월 30일

지은이	박종성
펴낸이	심만수
펴낸곳	(주)살림출판사
출판등록	1989년 11월 1일 제9-210호

주소	경기도 파주시 광인사길 30
전화	031-946-1350 팩스 031-624-1356
홈페이지	http://www.sallimbooks.com
이메일	book@sallimbooks.com

ISBN	978-89-522-4797-1 04080
	978-89-522-0096-9 04080 (세트)

376 좋은 문장 나쁜 문장 `eBook`

송준호(우석대 문예창작학과 교수)

어떻게 좋은 문장을 쓸 수 있을 것인가? 우선 좋은 문장이 무엇이고 그렇지 못한 문장은 무엇인지 알아야 할 것이다. 대학에서 글쓰기 강의를 오랫동안 해 온 저자가 수업을 통해 얻은 풍부한 사례를 바탕으로 문장교육을 제대로 받지 못한 독자들에게 좋은 문장으로 가는 길을 제시하고 있다.

051 알베르 카뮈 `eBook`

유기환(한국외대 불어과 교수)

알제리에서 태어난 프랑스인, 파리의 이방인 알베르 카뮈에 대한 충실한 입문서. 프랑스 지성계에 혜성처럼 등장한 카뮈의 목소리는 늘 찬사와 소외를 동시에 불러왔다. 그 찬사와 소외의 이유, 그리고 카뮈의 문학, 사상, 인생의 이해와, 아울러 실존주의, 마르크스주의 등 20세기를 장식한 거대담론의 이해를 돕는 책.

052 프란츠 카프카 `eBook`

편영수(전주대 독문과 교수)

난해한 글쓰기와 상상력으로 문학사에 커다란 발자취를 남긴 카프카에 관한 평전. 잠언에서 중편 소설 「변신」 그리고 장편 소설 『실종자』와 『소송』 그리고 『성』에 이르기까지 카프카의 거의 모든 작품에 대한 해석을 담고 있다. 또한 이 책은 카프카의 잠언과 노자의 핵심어인 도(道)의 연관성을 추적하는 등 새로운 관점도 보여 준다.

271 김수영, 혹은 시적 양심 `eBook`

이은정(한신대 교양학부 교수)

힘과 새로움으로 가득 차 있는 김수영의 시 세계. 그 힘과 새로움의 근원을 알아보고 지금까지와는 다른 새로운 독법으로 그의 시 세계를 살펴본다. 그와 그의 시에 대해 깊은 애정을 가진 저자는 김수영의 이해를 위한 충실한 안내자 역할을 자처한다. 김수영의 시 세계를 향해 한 발 더 들어가 보고자 하는 독자들에게 유익한 책이다.

369 도스토예프스키 `eBook`

박영은(한양대학교 HK 연구교수)

『카라마조프가의 형제들』과 『죄와 벌』로 유명한 러시아의 대문호 도스토예프스키. 그의 작품에 등장하는 생생한 인물들은 모두 그의 힘들었던 삶의 경험과 맞닿아 있다. 한 편의 소설 같은 삶을 살았으며, 삶이 곧 소설이었던 작가 도스토예프스키의 생의 한가운데 서서 그 질곡과 영광의 순간이 작품에 어떻게 드러나는지를 살펴본다.

245 사르트르 참여문학론 `eBook`

변광배(한국외대 불어과 강사)

사르트르의 『문학이란 무엇인가』에서 전개된 참여문학론을 소개하면서 억압받는 자들을 위한다는 기치를 높이 들었던 참여문학론의 의미를 성찰한다. 참여문학론의 핵심을 이루는 타자를 위한 문학은 자기 구원의 메커니즘에 문제가 생겼을 때 이 문제를 해결하고, 그 메커니즘을 보충하는 이차적이고도 보조적인 문학론이라고 말한다.

338 번역이란 무엇인가 `eBook`

이향(통역사)

번역에 대한 관심이 날로 늘어 가고 있다. 추상적이거나 어렵게 느껴지는 번역 이론서들, 그리고 쉽게 읽히지만 번역의 전체 그림을 바라보기에는 부족하게 느껴지는 후일담들 사이에 다리를 놓는 이 책은 번역의 이론과 실제를 동시에 접하여 번역의 큰 그림을 그리고자 하는 독자들에게 안성맞춤이다.

446 갈매나무의 시인, 백석 `eBook`

이숭원(서울여대 국문과 교수)

남북분단 이후 북에 남았지만, 그를 기리는 많은 이들의 노력으로 백석은 현재 우리나라에서 가장 주목받는 시인 중 한 사람이다. 이 책은 시인을 이해하는 많은 방법 중 '작품'을 통해 다가가기를 선택한 결과물이다. 음식 냄새 가득한 큰집의 정경에서부터 '흰 바람벽'이 오가던 낯선 땅 어느 골방에 이르기까지, 굳이 시인의 이력을 들춰보지 않더라도 그의 발자취가 충분히 또렷하다.

053 버지니아 울프 살아남은 여성 예술가의 초상 `eBook`

김희정(서울시립대 강의전담교수)

자신만의 독창적인 글쓰기 방식을 남기고 여성작가로 살아남는 다는 것이 어떤 의미를 갖는지를 보여 준 버지니아 울프와 그녀의 작품세계에 관한 평전. 작가의 생애와 작품이 어우러지는 지점들을 추적하는 방식으로, 모더니즘 기법으로 치장된 울프의 언어 저변에 숨겨진 '여자이기에' 쉽게 동감할 수 있는 메시지들을 해명한다.

018 추리소설의 세계

정규웅(전 중앙일보 문화부장)

추리소설의 역사는 오이디푸스 이야기까지 거슬러 올라간다. 저자는 고전적 정통 기법에서부터 탐정의 시대를 지나 현대에 이르기까지 추리소설의 역사와 계보를 많은 사례를 들어 재미있게 설명하고 있다. 추리소설의 'A에서 Z까지', 누구나 그 추리의 세계로 쉽게 빠져들게 하는 책이다.

199 디지털 게임 스토리텔링 `eBook`

한혜원(이화여대 디지털미디어학부 교수)

디지털 시대의 새로운 이야기 양식을 소개한 책. 디지털 패러다임의 중심부에 게임이 있다. 이 책은 디지털 게임의 메커니즘을 이야기 진화의 한 단계로서 설명한다. 게임의 역사에 있어서 중요한 패러다임의 변화, 게임이라는 새로운 지평에서 펼쳐지는 새로운 이야기 양식에 대한 분석 등이 흥미롭게 소개된다.

326 SF의 법칙

고장원(CJ미디어 콘텐츠개발국 국장)

과학의 시대다. 소설은 물론이거니와 영화, 애니메이션, 만화, 게임 등 온갖 형태의 콘텐츠가 SF 장르에 손대고 있다. 하지만 SF 콘텐츠가 각광을 받고 있는 것에 비해 이 장르에 대한 깊이 있는 이해를 도울 만한 마땅한 가이드북이 존재하지 않는다. 이 책은 이러한 아쉬움을 채워주기 위한 작은 출발점이 될 것이다.

eBook 표시가 되어있는 도서는 전자책으로 구매가 가능합니다.

(주)살림출판사

www.sallimbooks.com

주소 경기도 파주시 문발동 522-1 | 전화 031-955-1350 | 팩스 031-955-1355